# 现代体育教育理论与实践新发展研究

邵曲玲◎著

吉林出版集团股份有限公司

全国百佳图书出版单位

**图书在版编目（CIP）数据**

现代体育教育理论与实践新发展研究 / 邵曲玲著 . ——
长春 : 吉林出版集团股份有限公司 , 2024.4
ISBN 978-7-5731-5119-3

Ⅰ . ①现… Ⅱ . ①邵… Ⅲ . ①体育教学—教学研究
Ⅳ . ① G807.01

中国国家版本馆 CIP 数据核字 (2024) 第 111086 号

### 现代体育教育理论与实践新发展研究
XIANDAI TIYU JIAOYU LILUN YU SHIJIAN XINFAZHAN YANJIU

| | |
|---|---|
| 著　　者 | 邵曲玲 |
| 责任编辑 | 蔡大东 |
| 封面设计 | 张　肖 |
| 开　　本 | 710mm×1000mm　　　1/16 |
| 字　　数 | 195 千 |
| 印　　张 | 10.75 |
| 版　　次 | 2025 年 1 月第 1 版 |
| 印　　次 | 2025 年 1 月第 1 次印刷 |
| 印　　刷 | 天津和萱印刷有限公司 |

| | |
|---|---|
| 出　　版 | 吉林出版集团股份有限公司 |
| 发　　行 | 吉林出版集团股份有限公司 |
| 地　　址 | 吉林省长春市福祉大路 5788 号 |
| 邮　　编 | 130000 |
| 电　　话 | 0431-81629968 |
| 邮　　箱 | 11915286@qq.com |
| 书　　号 | ISBN 978-7-5731-5119-3 |
| 定　　价 | 84.00 元 |

# 前　言

体育教育以培养学生的自主锻炼习惯为前提，以加强学生运动技能的掌握为手段，以实现学生的生理、心理、社会适应能力全面发展为最终目标。作为学校教育体系的重要组成部分，体育教育除了要担负学生身体素质提高、运动技能掌握的重任之外，还肩负运动意识、运动习惯养成，以及提高学生心理健康水平和社会适应能力的使命。在学生的培养过程中，体育教育起着重要的作用。伴随着素质教育与健康第一发展理念的深入普及，以及体育强国建设目标的确定与实施，体育教育在培养优质体育人才，促进学生体育综合素养有效提升以及推进体育事业健康发展等方面所发挥的作用愈发显著。其中，体育综合素养的培养是当下及未来我国体育教育发展的重要方向，这就要求我国在构建现代化体育教育体系时，要突出理论与实践的有机结合，使学生在具备良好体育运动技能的同时，还能促进理论素养的提升，使之能够在未来的社会实践中充分发挥自身的能力，为推进体育强国的建设作出应有的贡献，这也是本书编写的初衷与目的。

本书从理论与实践两个视角对我国现代体育教育发展体系的构建进行研究，涉及我国体育教育发展的取向、人才培养的目标、现代体育教育理论体系以及实践模式的构建等方面，以期为我国体育教育的现代化发展提供理论支持以及可操作性的实践模式，为我国体育强国建设的稳步发展提供支持与助力。

本书的主要内容为现代体育教育理论与实践新发展研究。第一章主要介绍了体育教育概述，分为五个部分，依次是体育教育的概念界定、体育教育的目的和任务、体育教育的运动技能规律、体育教育的方法、体育教育的育人；第二章主要介绍了体育教育的内涵与功用，分为八个部分，依次是体育教育的产生与发展、体育教育的本质与特征、体育教育的过程、体育教育的目标、体育教育与个性、体育教育与德育、体育教育与智育、体育教育与美育；第三章主要介绍了体育教育的传播功能，分为三个部分，依次是体育教育传播与社会、体育教育传播与经济、体育教育传播与教育；第四章主要介绍了体育教育的媒介传播，分为三个部分，依次是体育教育的书刊传播、体育教育的媒体传播、体育教育的网络传播；第五章主要介绍了体育教育的创新发展，分为两个部分，依次是体育教育的创新基础、体育教育的观念创新；第六章主要介绍了学校体育教育思想的发展，分为三个部分，依次是东西方体育思想发展探索、学校体育教育对人才培养的作用、学校体育教育思想的发展；第七章主要介绍了体育教育在学校教育中的作用，分为六个部分，依次是体育教育在学校教育中的重要性、体育教育创新教学的探索、体育课堂教学最优化、学校体育与素质教育、学校体育教育与家庭教育、学校体育教育与社区体育；第八章主要介绍了创新体育教育的运行机制，分为四个部分，依次是创新体育教育的环境、创新体育教育的运行机制、创新体育教育的管理、创新体育教育的人才观。

　　本书在撰写过程中，参考和借鉴了一些专家、学者的观点及研究资料，在此向其作者表示诚挚的谢意！由于时间和能力水平有限，书中难免存在疏漏与不妥之处，恳请广大读者批评指正。

邵曲玲

2023 年 12 月

# 目 录

# 第一章　体育教育概述

# 第一节 体育教育的概念界定

体育教育是授技育人的竞技教育过程。信息是当今世界竞技改革与发展的重要资源，每当国际体坛诞生一个冠军，就可能带来一些新思想和新方法，谁掌握了这些国际上最新的体育信息，谁就能在训练和竞赛中处于主动地位。未来的竞技不仅是体能的较量，还是一个高体能与高智能相结合的竞赛，尤其在知识经济和智体型竞技即将来临的时代，重视体育教育的研究与实践是十分重要的。

## 一、体育教育的本质

体育教育是运动员在教师或教练员的指导下，掌握体育知识技能、创造体育知识技能、促进运动员全面发展的教育过程。它是教练员的"教"与运动员的"学"的双边活动，其本质是掌握体育的知识和技能。体育教育包括体育的理论教育和实践教育。体育竞技教育与体育教育是有区别的，前者是竞技教育的组成部分，后者是体育健身教育的组成部分。体育竞技教育是为了提高体育成绩而组织的教育过程，体育教育是为了掌握健身知识技能而组织的教育过程。但是，二者皆是一种教育活动，它们既有共同遵循的教育规律和原则，也有各自的规律和原则。因此，体育竞技教育和体育教育的关系是辩证统一的，既有区别又有联系。

从竞技教育的角度来看，竞技学校的体育教育比例要比专业运动队的比例大。在新的技术课前或教育成分多的训练课前，教练员要像导演一样，先让运动员了解本次课所学的运动技能的概要，使他们带着整体观念去学习每一个动作的细节，即学习整体动作当中的个体动作，同时把育人的措施寓于教育过程之中。

体育教育的要素包括教育者（教练员或教师）、受教育者（运动员或学生）、教育内容、教育手段和教育环境等。教育环境是以往被忽略的要素，但其作用不可低估。例如，现代一般教育出现了一种师生"民主协作"的新方式，通过"民主协作"，创造友好和谐的课堂氛围。这种方式转变了过去单一的文化"顺传递"

方式（少向老学习知识），开创了"顺传递"与"逆传递"（少向老传递知识）有机结合的新的教育方式。因此，积极开创一个"民主协作"的教育环境对于提高教育质量是颇有价值的。

## 二、体育教育的基本概念

体育技术是充分发挥运动员体能，合理并有效地完成动作的方法。合理，是指完成动作的方法符合人体运动的规律（生物、心理和社会的规律）；有效，是指最大限度地发挥运动员的体能，并提高运动员的运动成绩。技术不是永恒不变的，伴随着科技的发展、场地器材的更新，"新技术"也会变成旧技术，从而被更新，即"否定之否定"。

运动技能是指按一定技术要求完成动作的能力。它是在已掌握运动技术的前提下形成并发展起来的。实践证明，学习运动技能有助于掌握高难动作和创新动作。

运动技巧是指运动技术达到动力定型、娴熟和自如的程度。运动技巧掌握后，运动员可以不必注意完成动作的细节，而把注意力投入到提高动作质量上。

在以上三个基本概念中，掌握运动技术是体育教育的基础，促进运动技巧的形成是体育教育的最高层次，提高运动技能是二者之间的"中介"环节。因此，三者是一个有序的提高过程，不可忽视任何一项。

# 第二节　体育教育的目的和任务

明确体育教育的目的和任务，对进一步转变教育思想、更新教育内容、改进教育方法、提高教育质量具有重要意义。

## 一、体育教育的目的

体育教育的目的是使运动员掌握和创造运动的知识、技术和技能，为促进运动员的全面发展创造条件。

## 二、体育教育的任务

其一，学习和掌握运动的基本知识、基本技术和基本技能；

其二，掌握自我竞技的方法，培养自我竞技的能力（学习、训练、竞赛、恢复和评价的能力）和创新能力；

其三，改进动作，提高实效性和经济性；

其四，在改进动作的前提下，提高运动技术和战术水平；

其五，向运动员进行健康教育和学会做人的教育。

值得强调的是，运动技术的改进与创新是决定体育教育质量高低和运动员参赛能否取胜的重要因素。因此，重视研究体育教育，尤其是改进动作与创新技术是一项十分重要的任务。

# 第三节　体育教育的运动技能规律

体育教育的理论依据，是反映体育教育规律，指导运动教学实践的根本。体育教育和体育竞技教育虽然有共同的理论基础，但也有不同的理论依据，因而，我们既要学习二者共同的理论，又要掌握体育教育的个性理论。体育教育理论的侧重点是传授培养运动员竞技个性的教育理论。

以往的体育教育遵循的规律是巴甫洛夫经典的条件反射学说，其实运动技能形成与发展的规律不仅包括运动技能的规律，而且包括运动技能的迁移规律。

## 一、运动技能形成的过程

运动技能的形成与发展是一个系统的工程，其实质是建立一个复杂的、连锁的、本体感受性的条件反射。其条件反射的建立离不开泛化、分化、巩固、自动化四个过程。这四个过程是有机结合的，作为教练员，掌握这四个过程的生理特点和教育方法，对于缩短学习过程、提高教育质量非常重要。

## 二、运动技能的迁移规律

运动技能的迁移，是指已经学过的运动技术对后来要学习的动作产生了积极的或消极的影响。运动实践证明，任何动作技巧都不是独立形成的，它总是以过去的运动技能为基础，而这些动作成分往往以某些特定的方式影响着新技术的形成和表现，这就是运动技能的迁移。它包括正迁移和负迁移。

### （一）正迁移和负迁移

正迁移是指一些已掌握的运动技能促进其他运动技能形成与发展的过程。负迁移是指一些已掌握的运动技能妨碍其他运动技能的形成，或使其变形，使两者产生矛盾的过程。例如，已掌握的跳高助跑的技术对短跑技术会产生副作用，这是负迁移。

### （二）迁移的形式

迁移包括单向迁移、双向迁移、直接迁移和间接迁移四种形式。单向迁移是指一种运动技能对其他运动技能产生单向影响（不是逆向影响）。单向迁移又分为单向的正负迁移。双向迁移则是指两种运动技能产生相互影响、相互作用的现象。例如，排球扣球与投掷标枪的最后用力，两者动作皆正确，能相互促进、协调发展，这就是双向正迁移，反之，是双向负迁移。直接迁移是直接表现出来的迁移现象。间接迁移是通过中间环节表现出来的迁移现象。

## 三、运动技能迁移的应用

### （一）提高身体素质

为了提高身体素质所选择的内容和训练方法，必须与专项的技术动作结构和发力的顺序相似，以便对专项技术的改进与提高产生正迁移效应。例如，田径跳跃运动员或篮球、排球运动员采用负重的方式来提高力量素质，如果负重蹲起的髋、膝关节屈伸的角度和发力的顺序与专项技术保持一致，那么素质训练必将会对技术动作的形成与发展产生正迁移效应。

### （二）改进动作

俄罗斯马特维也夫等人认为："思维基础和运动动作的技术越相似，正迁移的概率越大。"[①] 例如，掌握短跑的途中跑技术后，对于学习跳远助跑的技术会产生正迁移的效应，这是因为运动员在跑的过程中的追求是一致的（尽快发挥水平速度），动作结构也很相似。

上述迁移效应在动作练习过程中表现为：运动员在技术动作定型的基础上，越是进行完整、综合性的练习，迁移的可能性就越大。但迁移的现象并非一成不变，即使产生正迁移的效应，若不反复强化，也会消失。运用迁移规律解决体育教育与训练中的问题是颇有益处的。

总之，运动技能形成与发展经历了泛化、分化、巩固和自动化四个不可分割的过程和迁移的过程。上述理论为运动技能的形成与发展提供了生理学基础。此外，人类心理的主动性和社会的干扰性这两个"无形"因素，也对运动技能的形成与发展起着重大的影响，但其负作用也是不容忽视的。

## 第四节　体育教育的方法

教育学认为："教有规律，教无定法。"[②] 这说明教育方法因教育对象和教育内容的不同而有所区别，但遵循的教育规律是相同的。因此，掌握体育教育方法，应从学习其最基本的方法开始。

### 一、体育教育方法概述

体育教育方法是教练员和运动员为完成共同的体育教育任务而进行认识和实践活动的方法。过去，人们习惯性地认为教育方法就是教练员的指导方法。其实，体育教育法由教法（教练员的指导法）、学法（运动员自我练习法）组成。过去

---

① 宋继新．竞技教育学 [M]．北京：人民体育出版社，1999：35.
② 张德江，李文国，顾晓琳，等．课程教学改革的组织与实施 [J]．应用型高等教育研究，2017，2（1）：50-53.

把教育法看成教练员教运动员学动作的主要方法，这对于培养学生能力是非常不利的。常言道，"教是为了不教"，即让受教育者"学会自学""学会自用"，这才是教育的目标，这才是符合当代终身教育思想的。

## 二、体育教育方法的价值

### （一）实现目标的价值

在体育教育中，教练员和运动员为完成具体的教育任务，而设定的相对具体的目标，需要采用合理的教育方法得以实现。否则，没有方法或方法单一，目标都是难以实现的。完整的体育教育方法体系可以为师生实现教育目标拓宽途径，例如，初学一个复杂的技术，如果仅有完整练习法，没有更多的模仿等辅助练习方法，便很难掌握复杂的动作。所以，运用体育教育方法实现教育目标的价值图式是：设定目标—方法（桥）—实现目标。

### （二）培养能力的价值

当代竞技的发展，急需运动员具有自我学习和自我更新技术、战术的能力，以应对技术和战术多变的体育竞赛。如果运动员在教育中掌握了许多基本的学习法、训练法、竞赛法、恢复法、评价法等，就有助于形成自我学习、自我训练、自我竞赛、自我恢复、自我评价等综合能力。所以，运动员掌握多种竞技方法，对于培养他们综合的竞技能力十分重要。联合国教科文组织在 20 世纪 80 年代就曾指出：未来的文盲不是不识字的人，而是不会学习、不会运用方法解决问题的人。运动员通过体育教育掌握多种竞技的方法对于促进他们形成综合的竞技能力很有价值。这是我国未来开展"知识体育"和"智体型竞技"必须引起足够重视的教育环节。

## 三、体育教育的方法体系

根据体育教育过程及其性质，可以把体育教育法分为教法和学法，这两者构成了体育教育的方法体系。

### （一）体育的教法

体育的教法是教练员指导运动员学习体育技术、战术的方法，也称体育教育的指导法。它包括语言法、讲解法、语言评价法、直观法、纠误法、范例法、电化教育法等。

1. 语言法

语言法是教练员运用各种语言，指导运动员学习的方法。它包括讲解和口头评定等方法，其中讲解法是最主要的方法。教练员运用正确、形象、风趣的语言进行讲解，能激发运动员学习的热情，并使他们能尽快地掌握动作技巧。

2. 讲解法

讲解法是教练员向运动员说明教育的任务、内容和要求等有关教育问题的方法。运用讲解法要注意如下要求：

①讲解技术动作时，要注意潜移默化地培养运动员良好的赛场心理和行为以及良好的社会心理和社会行为。

②讲解要有明确的教育目的。明确目的是指讲解要有针对性，例如，不仅要针对教育内容的重点和难点讲，同时还要针对运动员存在的问题和涉及的范围进行讲解。

③讲解要正确，要注意培养能力。讲的内容要科学、准确、不夸张、不庸俗，要多采用启发式，培养运动员的学习能力。

④讲解要清楚。教练员要讲普通话，音量速度要适中，口齿要清晰。

⑤讲解既要通俗易懂，又要有逻辑性。讲解要突出教育的中心问题，要有层次、简明扼要、由表及里。

⑥讲解要注意时机。在调动队伍及运动员做练习时不要讲解，此时，教练最好采用简练的指示性语言进行指导。这样既符合运动员的理解程度，又有利于他们理解和接受。一般来说，讲解的语言要精练、层次要分明、表达要生动、措辞要通俗。

⑦讲解要有启发性。讲解要有启发运动员学习兴趣和提高学习主动性的作用。

在讲解学习的意义和要求时，可以采用对比、提问等方式，使看、听、想、练结合，这样，才能使运动员做到学有目标、练有动力。

3. 语言评价法

语言评价法是教练员根据教育要求，用简短语言评价运动员行为的教育方法，例如"好""不好"等。口头评定对提高学习的自觉性有积极作用，能使运动员明确正误，改正缺点。在口头评定时，应以鼓励为主。

4. 直观法

直观法是在体育教育中通过直观教育，引起运动员感知的教育方法。常用的直观法有动作示范法、教具演示法等。

①动作示范法。动作示范法是教练员以自身的动作为范例，指导运动员进行学练的方法。它可使运动员建立所学动作的表象，了解动作结构、技术要领和完成方法。具体的要求如下：

其一，示范要有针对性。示范要针对教育的实际需要进行。盲目的示范会使队员不明白应该着重学什么，反而还会被示范中某些因素吸引而转移注意力。

其二，示范要正确、熟练。示范正确才能使运动员建立正确的动作概念。熟练的示范不仅便于运动员正确掌握动作，而且可以使运动员产生轻松愉快的感觉，从而引起学练兴趣，避免产生畏难情绪。

其三，示范要有利于运动员观察。为了使动作示范便于观察，要注意选用合适的示范方位、示范速度以及观察示范动作的距离。

其四，示范要与讲解和启发运动员的思维相结合。

②教具演示法。教具演示法是运用图表、模型等教具进行直观教育的方法。它能使运动员形象、具体地了解动作的技术结构及其过程。

5. 纠误法

纠误法是教练员为了纠正运动员在学习中出现的错误动作采用的方法。运用这一方法先要分析产生错误的原因，然后选用对应的纠正错误动作。在这一过程中，教练员必须热情、耐心。

①运动员易产生错误动作的原因：

其一，学习目的不明确，积极性不高，缺乏能完成动作的信心，或受到怕难、怕脏、怕苦、怕受伤等因素的干扰。

其二，对所学动作的概念模糊不清，对完成动作的顺序、要领和要求不明确。

其三，教育要求过高或学生的能力较差，难以达到要求。运动员在疲劳的情况下进行学练。

其四，组织教法不当，教育安排不利于运动员完成学练的要求。

其五，环境干扰。例如，观众多、噪声大等。

②纠正的具体方法：

其一，使运动员明确学习目的，激发学习兴趣和热情，消除畏难情绪，增强信心，培养吃苦耐劳、不畏艰险的性格。

其二，提高语言法和直观法的教育水平。

其三，加强保护，克服恐惧心理。

其四，教练员要认真备课，对可能产生的错误要做到心中有数，纠正时要有相应措施。

其五，改善教育环境。首先，排除影响因素，如不能排除环境因素干扰，可设法避开它（把运动员调离或使运动员背向影响因素）；其次，提高运动员自控能力，要求运动员自觉克服各种因素的干扰，这一点是运动员参赛必须具备的素质。

### 6. 范例法

范例法是通过研讨典型事例，让运动员掌握所学内容的本质和规律性的教育方法。范例法是在 1950 年由联邦德国教育家瓦根舍因提出的，他认为当代科学技术发展异常迅猛，教材内容已出现饱和、庞杂等现象。[①] 因此，体育教育在这种情况下应从训练或竞赛中选取蕴含着本质因素的典型事例进行教育研讨，这样就可以让运动员通过事例来掌握带有普遍性的东西。例如，可以通过讲解或演示

---

① 宋继新 . 竞技教育学 [M]. 北京：人民体育出版社，1999：22.

国际重大竞赛中的优秀运动员成长的事例，促使运动员加深对体育知识技能的理解。运用范例法要达到以下几点要求：

第一，选择范例要有代表性和权威性，让运动员更信服。

第二，讲解要抓住关键性的问题，以点带面。

第三，理想的范例教育是教练员能通过几个典型范例把所要传授的知识体系形象生动地讲出来。

### 7. 电化教育法

电化教育法是现代化教育的手段之一，指的是运用现代化教育媒体，并与传统教育媒体相结合，传递教育信息，以实现教育的优化。现有以下两种方法：

①演播法。它是在教育中，教练员主要借助电教媒体演示图像、播放录音或录像以传递教育信息的方法。演播法一般按提示→播放→讨论→小结→作业的步骤进行。

②插播法。它是在教练员讲解时，穿插播放电教片段，为讲授提供感性材料或例证，并作为抽象概括的基础，从而提高运动员听讲积极性的方法。插播法一般按讲解→播放→讲解→播放→小结的步骤进行。

### （二）体育的学法

体育的学法是运动员在教练员指导下学习或独立学习的教育方法。掌握体育学习法对于提高运动员的自我学习能力、扩大知识面、尽快提高体育技术水平很有意义。著名科学家爱因斯坦把自学作为培养独立思考、独立工作能力的重要手段。体育教育培养跨世纪的优秀运动员，提倡让运动员通过自学，"学会学习"和"学会创造"，它是促使中国竞技由"体能型"向"智体型"转变的重要措施。

### 1. 想象练习法

想象练习法是运动员在每次演练动作前，回忆教练讲解和示范的动作情景，使动作的主要环节在脑海中形成表象，从而使练习的动作更趋于规范的学习方法。重视想象练习对于提高运动员的自我学习等综合能力十分重要。运用想象练习法要达到以下几点要求：

①每次做动作前，教练应让队员先深呼一口气，站在发力点稍停片刻，回忆动作要领后再做动作。这是因为平静的深呼吸是促进神经系统暂时放松的有效手段。

②允许运动员提问后再去做想象练习。这是因为外来信息有时会在运动员脑中编排程序的过程中丢失。通过提问再获得信息，重新排列信息的程序，并反复练习强化和稳定信息的程序，可以促进动作尽快向自动化过渡。

③想象练习不只限于训练课做动作之前。运动员可利用闲暇时间，反复想象练习，作用也很大。

2. 完整法与分解法

完整法与分解法，既是教法也是学法。但从总体上看，其在学法中更为重要。

完整法是运动员从技术动作的开始至结束不间断的学习方法。其优点是便于在学习过程中保持动作的整体性和连贯性。运用完整法应注意：

其一，运动员要认真观察教练员的示范动作，以便形成正确动作的整体表象。

其二，教育要突出重点。运动员首先要注意掌握动作的主要环节，再逐步掌握动作细节，或先注意掌握动作的方向、路线，再掌握动作幅度、节奏等。

其三，简化动作要求。如学习跑的动作时，可在中等速度的要求下进行。

其四，采用辅助性练习，逐步向完整练习过渡。

其五，高水平的运动员要多采用完整法进行教育与训练。国家体操队在 1996 年亚特兰大奥运会结束后总结指出："体操队一改过去先练单个动作，后练成套组合动作的先易后难的传统训练模式；在巩固难尖动作，注重难度连接的同时，全年突出了成套技术动作的训练。"①

分解法是把完整动作按其技术结构，分成若干段或按身体活动部位分成几部分进行学习，最后完整地掌握动作的方法。其优点是动作的难度低，便于突出重点，强化了对高难度动作的学习，有利于加速教育进程；其缺点是有可能养成运动员分解练习的习惯从而妨碍其顺利地掌握完整的动作。这种方法适用于初级的业余选手。采用分解法应注意如下问题：

---

① 宋继新. 竞技教育学 [M]. 北京：人民体育出版社，1999：112.

其一，划分动作的阶段，应注意各阶段的相互联系，使划分开的阶段易于连接完成，不破坏动作的整体结构。

其二，要使运动员明确所划分的段落在完整动作中的地位及与其他动作的相互联系。运动员在做分解练习时，应为分解动作的连接做必要的准备。

其三，分解法要与完整法结合运用。分解法的目的在于降低学习困难，掌握完整动作。因此，分解练习的时间不宜过长，分解练习要与完整练习相结合。

3. 阅读法

阅读法是运动员通过阅读竞技有关资料或图片等，深入掌握体育知识技能的学习方法。注意的问题有：

①阅读要与分析相结合。运动员可根据阅读过程中遇到的问题与教练员进行研讨，避免过分唯书。

②教练员要发扬民主，对运动员提出的问题要热心解答，难题可共同进行研讨或再学习、再理解。

③阅读的材料要可信，具有权威性。

4. 观摩法

观摩法是运动员通过观看高水平竞赛或优秀运动员的训练，从中获取信息，改进动作的学习方法。运用观摩法应注意如下问题：

①观摩不能机械地模仿，要结合自身的特点学习。

②观摩要有选择。要观摩有代表性的训练和竞赛。

5. 创新法

创新法是运动员根据教育规律和任务，结合自身特点，创造出适合个体特点的学习方法。体育实践证明：竞技思想的更新，关键是内容方法的改革与创新。例如，20 世纪 80 年代以来，我国江苏省水上竞技体育曾为国家培养了一大批世界一流选手。这与他们的教育方法和训练方法的更新有直接关系。据介绍，江苏跳水队教练成尔恒研究的跳台跳水"5237"教育方法和原来的方法相比，不但节省了时间，而且降低了难度，效果也比以前好。创新法应用的要求如下：

首先，更新教育指导思想。了解国内外有关体育项目的教育、训练、竞赛和技战术发展的动态，结合队员的特点，转变教育思想。

其次，结合新思想，运用生物学、心理学和社会学等有关的基础理论知识，研讨设计符合运动员或运动队特点的新方法。例如，运用斯金纳的操作条件反射学说的原理，让运动员结合自身特点，选择和设计出新的学习方法。

最后，技术创新要结合个人特点。因遗传因素、社会环境和个体的形态结构、神经类型、体育素质等差异，技术设计必须符合个人特点才能有效地发挥其潜能。比如，胡鸿飞依据朱建华速度快、弹跳好、力量相对差的特点，设计出助跑快、起跳快、过竿快的"三快式"背跃式跳高技术，从而使朱建华在 1983 年至 1984 年三破世界纪录。

# 第五节　体育教育的育人

体育教育的育人是把与体育教育有关的育人措施寓于教育中的教育过程。它不是一个孤立的教育过程。

## 一、体育教育思想的转变

### （一）教育中心由技术转向人

当前，国内教育改革，面向 21 世纪提出从以知识为中心向以人为中心转变的教育思想；高等教育方式也从"专才教育"向"素质教育"转变。因此，体育教育的思想，也必须从以提高体育技术水平为中心，向以促进运动员的全面发展为中心转变。把人的发展作为提高体育技术水平的前提，努力让运动员处理好学会做人与学好技术的关系，这是一项重大的课题。

### （二）教育的主要矛盾由"教"转向"学"

若教得好，学得也好，其效果会更好；如果教得不理想，学得好，仍然可取。所以，"学"是教育的主要矛盾。当前国内教育改革面向 21 世纪提出：让学生"学会学习"（培养学生获取知识的能力比单纯传递知识更重要）、"学会做人"和"学会做事"。因此，在体育教育过程中，教练员"教会"运动员如何学习、如何做事、如何做人；运动员"学会"如何学习、如何做事、如何做人是我国体育队伍从"体能型"向"智体型"转变的重要措施。

## 二、体育教育育人的内容体系

体育教育育人的内容体系包括体育教育的理性育人和兴趣育人。

### （一）理性育人

体育教育的理性育人是指把传授体育理性知识与育人相结合的教育方式。体育教育的理论教育改革，在重视专项体育理论教育的同时必须加强体育队伍的基本素质教育。基本素质教育包括政治素质、文化素质、身心素质和就业素质等，提高学生的基本素质将为他们今后"做人""就业"奠定重要的基础。

### （二）兴趣育人

体育教育的兴趣育人是指在体育教育中，把培养学生的学习兴趣、学习毅力与学习技术有机结合起来进行育人的方式。学生高超的体育技术是通过枯燥的教育与训练千锤百炼而形成的。所以，在长期的体育教育中培养学生的学习兴趣是十分重要的。众所周知，在没有兴趣的条件下，完全靠毅力来做成一件事是很难的。然而，在兴趣的驱使下，即使做难办的事，也很有可能完成。因为毅力受到压抑时要"超越自我"，要靠外在的要求来支配内在的力量，它需要调动相当大的心理能量来维持。所以，毅力的生成和维系都是较困难的。然而，兴趣受限于"本我"，其是一种带有自然和原始色彩的内在力量，故有强烈的冲动性以及亟待满足的驱动性。因而，兴趣对于完成一项工作比毅力有着更大的爆发力和推动作用。然而，兴趣正因其源头是人的内部心理欲求，所以，断了源头就没有能量了，而毅力的源头是人们的外在的心理欲求，可不断从外部输入能量，故毅力比兴趣有着更大的持续性。这是人们重毅力忽略兴趣的根本所在。但是，值得我们注意的是，当兴趣处于持续不断的状态时，兴趣对成功的贡献要远远超过毅力。因为毅力是"苦在其中"，兴趣是"乐在其中"。因此，在体育教育中，培养运动员毅力的同时，加强学习兴趣的培养也非常重要。

### 三、体育教育育人的方法

体育教育育人的方法是在教育过程中，教师潜移默化地把教育和育人有机结合起来的方法。其特点是把授技和育人结合起来。体育教育育人的方法有讨论法、互助法和行为法等。

#### （一）讨论法

教育课后，教师通过讨论有关教育中遇到的问题，让学生充分发表自己的意见，培养他们的民主意识。运用讨论法应注意以下问题：

讨论前，教练应有准备，要积极引导学生心平气和地发表个人意见，同时也能正确对待他人的不同意见，使讨论能够在民主和谐的气氛中进行，从而培养师生的民主意识。

讨论后，教练要有小结，对正确的意见要给予肯定，不足的地方会后要给予及时的引导，从而使以后的讨论能够坚持在民主的氛围中进行。

#### （二）互助法

互助法是教师主动为学生设计的通过他们之间相互带动，可以更好地完成动作的学习方法。其既有利于纠正错误动作和完成高难动作，又有利于培养学生团结协作的意识，更有利于提高学生自我竞技的能力。运用互助法应注意以下两点：

第一，注意安全。通过帮助保护完成高难技术动作，要注意避免伤害事故的发生。

第二，把握好时机。

#### （三）行为法

行为法是在运动员做动作前，教练员要求他们从开始做动作就要做到既正确，又有风度，努力形成良好的社会行为（观众满意，并为日常生活养成良好的行为习惯打基础）的有效方法。例如，中长跑运动员在练习站立式起跑，从走向起跑线，到最后的站立，动作不能过于紧张、生硬，要放松、有风度。这就需要平时训练的反复强化。长期如此训练，可为他们今后的生活和工作形成良好的心态与姿态奠定基础。运用行为法应注意以下问题：

第一，在日常的训练和赛前训练中，教练员要通过语言和手势改进运动员不良的体育行为。

第二，行为训练的标准要逐步提高。

总之，体育教育改革是一项长期而艰巨的工作，作为教练员和从事体育教育管理的工作人员应及时了解国内外教育改革和竞技发展的动态，不断地转变教育思想，更新教育内容与方法，强化培养高素质的优秀体育群体的意识，这对于不断提高竞技教育质量和效益是十分重要的。

# 第二章　体育教育的内涵与功用

# 第一节　体育教育的产生与发展

## 一、体育教育的产生

根据对古老的民间传说以及对现代某些较原始的部族考察（如澳大利亚的原住民仍然生活在新石器时代），就会发现古老而原始的教育的主要目的都是使青少年成为一个合格的成年人。古老的教育内容是多方面的，其中也包括许多身体运动能力等方面的训练。

需要指出的是，作为教育一部分的体育教育不应和劳动技能教育混为一谈，不能简单地将原始人年长者向青年一代传授劳动生产和日常生活中的各种经验和技能，视为体育的生产过程。尽管体育教育的产生与生产技能教育有着密切关系，然而体育教育不是劳动技能教育。因为劳动不是体育，虽然劳动与体育过程都必须有身体运动，但是劳动的直接目的是获得物质财富，而体育教育的目的是获得强壮的体格。这种目的性的差异是区别劳动技能教育和身体教育的最本质特点，无论古代还是现代，对此没有丝毫改变。

匈牙利体育史学家拉斯洛·孔认为，真正的体育教育出现得较晚，这时期人类开始使用一种可投掷的骨质尖刺和利叉，促进了生产工具的改进，使事物的来源有了保障。特别是在寒冷的冬天，猎取的食物贮存起来能保持很多天不腐败，人们可以有闲暇时间在一起研究和交流如何能跑得更快的体验和经验，讨论如何通过松软的雪地和泥泞的沼泽，并进行以身体运动为内容的游戏，开始向青少年一代传授和训练上述种种技艺。各种身体练习的传授和学习，从直接的生产劳动中脱离出来，独立地存在，成为人类社会的一个专门的活动领域——身体教育，于是体育教育就萌发了。[①]

由此可以看出，体育教育的最初内容就是为通过成人接纳仪式而进行学习和训练。当然，不同的地域、不同的历史时代，体育教育的内容、形式均有所差

---

① 刘清黎．体育教育学 [M]．北京：高等教育出版社，1994．

异。例如，有的部族注重体能的培养，有的部族则注重利用体育培养男子汉气概。根据挪威旅行家卡尔·鲁姆贺尔茨的考察，墨西哥北部马德雷山脉的一支印第安人——达达胡马尔人，注重对少年进行严格的长跑训练，因为这种能力是捕猎和战胜险恶自然条件所必需的；而在新赫布里底群岛上的原住民，则要求青年人从事一种特别形式的"跳台飞跃"训练，即要求参加者头朝下从 30 米的高处往下跳，当"跳跃运动员"的头快触地时，事先精确测量好的绳子便牵住了他的双脚（跳前绳子系住双脚），凡是不敢参加这种授封仪式的人，是没有资格在人前露面的。

## 二、体育教育的发展和深化

体育教育的发展演变离不开教育理论与教育思想的演变。在古希腊时期、中世纪末开始的文艺复兴时期，以及法国大革命这三个历史时期中，人们竭力追求新制度并为建立新的社会秩序训练年轻人。这里只能简要介绍体育教育在这三个历史时期的特点，并从中了解其不断发展和深化的脉络。

### （一）古希腊的体育教育

古希腊的教育体系主要有两种类型，一是斯巴达教育，二是雅典教育。斯巴达教育是以追求军事效力为最终目标的，这就决定了斯巴达教育中含有相当多的军事体育的内容。但就教育思想而言，斯巴达人几乎没有给后人留下什么。雅典是奴隶主民主国家，因此它的教育自始就与斯巴达存在相当的差异。两种教育体系的共同点是它们都注重实践，目的都是直接以成人的活动训练孩子，使其将来成为国家合格的成员。然而，斯巴达是为了造就士兵而教育孩子，而雅典教育的目的是把统治阶级的子弟培养成为身心和谐发展、能履行公民职责的人，不仅要把他们训练成为强身力壮的军人，更要求把他们培养成具有文化修养和多种才能的政治家和商人。因此，雅典产生许多著名的教师，给后人留下了丰富的教育思想，其中也包含体育教育思想。

### （二）文艺复兴时期的体育教育

随着社会的进步，封建社会开始解体，新兴资产阶级开始对封建社会进行反抗。这种反抗表现为两股热潮，首先是意大利的一些思想家站在反封建的前列，高呼："回到古代去，回到古希腊去。"他们从古希腊的文化中重新发现了"人"，他们要求把目光从神转向人，从天堂转向尘世。他们高喊"我是凡人，我只求凡人的幸福"。与此同时，在德国，受北欧文艺复兴运动的影响，在马丁·路德的带领下掀起了宗教改革的热潮，否定了罗马天主教会和教皇至高无上的权力，提出在上帝面前人人平等，没有贵贱之别。这两股资产阶级革命思潮推动了体育教育的发展，各种体育活动开始在民间广泛流传开来，出现了一批有开拓勇气的体育教育先驱，如皮埃尔·保罗·维尔杰里奥（卡拉拉公爵的家庭教师）、格瓦里奥·德·维罗纳（埃斯特家庭教师）、麦尔库里亚利斯（医生）等，他们身先士卒、勇于实践，但留给后人的理论著作却不多。尽管他们彼此的主张各不相同，但在以下几方面却是基本相同的：教育理论既注重跑、击剑、骑术等实用性技能，也肯定棒球、地滚球、舞蹈等游戏项目，力求使孩子养成自然从容的举止；恢复并传播古代体育教学经验；在他们的影响下，全面发展人的美学思想和作为保护身体手段的体育作用重新得到承认；认识到身体训练时利用大自然的力量和条件，不仅增加了锻炼身体的效果，还会使人心情愉快；承认脑力活动与体力活动之间的相互联系。

**（三）法国资产阶级革命时期的体育教育**

18 世纪资产阶级革命前的法国是一个典型的封建专制国家。法国资产阶级革命后，资产阶级在国家的经济生活中成为一支重要的社会力量，发起了"启蒙运动"，在这场轰轰烈烈的运动中出现了一些著名的教育家、思想家，由此促进了体育教育的发展。

## 三、现代体育教育思想的确立

19 世纪下半叶至 20 世纪上半叶是人类社会动荡变化的激烈时期，人们在经历了两次世界大战后，出现了各种教育流派和体育教学思想。作者认为，现在的各种体育教育思想，如近年来日本提倡的"快乐体育"的思想以及我国提出的学校体育的三项任务的思想，都可追溯到其根源，前者来源于高尔霍费尔的儿童中心主义的现代自然身体教育，后者可追溯到马克思关于培养共产主义接班人的思想。

### （一）马克思的体育思想

许多文章和书籍在论说我国学校体育任务时，都引用马克思的这段话作为理论依据："未来教育对已满一定年龄的儿童来说，就是生产劳动同智力和体育相结合，它不仅是提高社会生产力的一种方法，而且是造就全面发展的人的唯一方法。"[①]然而在马克思之前的许多思想家、教育家也都有过不少关于身心协调发展的论述。古希腊哲学家柏拉图就提出，完美的教育应包括两件事："一件是体育，是为身体的；另一件是音乐，是求心灵美善的。"[②]亚里士多德在此基础上把人的发展过程分为三个阶段，提出了三重教育的主张："首先是身体训练，其次是品格教育，最后是智力教育。"[③]这些思想至今仍对教育范畴起着影响。

### （二）高尔霍费尔的体育思想

高尔霍费尔（1885—1941），奥地利人。他和玛格丽特·施特莱歇尔将当时的德国、瑞典、丹麦和法国的各种体育教育流派融会贯通，形成了"奥地利和魏玛德国"体系。高尔霍费尔在 1915 年任奥地利教育部的负责人，使他有机会推行自己的体育教育体系，实施改革。他吸收了 19 世纪以来的教育成果，为自己的体育教育改革拟定了三条基本原则：学生自己活动的原则，教材内容乡土化原则，体育课采取合科教授（即每次搭配几项不同的项目）的原则。在这三条原则的基础上，他着重分析了德国的杨氏－施皮斯体操体系，并将其称为"关节木偶体操"，说做那种体操人就像吃虫的小鸟一样可笑。高尔霍费尔与当时的许多学者一样，主张体育活动应注意儿童的生理、性别特征及儿童的锻炼限度，强调儿童应进行自然的运动。此外，还要注意儿童少年心理和审美方面的要求。他和施特莱歇尔将身体锻炼、卫生教育、娱乐教育都容纳在自己的身体教育体系之内，成为当时较为完善的身体教育体系。

---

① （德）卡尔·马克思；何小禾译.资本论[M].重庆：重庆出版社，2014：30.
② 王志斌.体育与健康[M].北京：北京体育大学出版社，2007：55.
③ 陈之卿，谢翔.学校体育学[M].桂林：广西师范大学出版社，2000：24.

高尔霍费尔确立了课的结构分为三部分，即引序部分、基本部分和结束部分，并分析了各部分的主要职能。

1. 引序部分

振奋情绪，加快血液循环和放松肌肉。采用游戏性的跳跃和跑步。

2. 基本部分

练习内容有匀称练习（全身性练习）、平衡练习（以增加肌肉感，使头部背部保持正确姿势）、力量和灵敏性练习、耐力性练习、跳跃一定高度的练习、增强心肺功能的练习。

3. 结束部分

自由练习和镇定情绪练习，一般采用娱乐性游戏（蒙眼走、嬉戏练习等）。

## 四、体育教育发展的主要趋向

20世纪后半叶各种新的教育思想、教育方法不断涌现，表明了在世界范围内正面临着一场新的教育改革，体育作为教育的一部分也必然面临着一场改革。自1978年以来，我国在各类报刊上纷纷发文探讨和阐述体育教育改革。

### （一）体育教育趋向终身化

1968年，联合国教科文组织国际成人教育促进委员会，讨论了法国著名教育家保罗·朗格朗的一个提案，这一提案第一次使"终身教育"成为国际会议的议题。谁也没有料到，"终身教育"竟促使现代教育从思想到理论，以及教育制度、教材内容发生了巨大的变革。终身教育现已成了现代教育改革主要流派之一，并已形成一整套较为完整的理论体系。终身教育的思想对体育教育也起了巨大的作用，美国在20世纪70年代初就提出，要培养学生终身进行体育活动的兴趣和能力。日本在1972年保健体育审议会上也强调，体育是贯穿人一生的生活内容。苏联1983年新颁布的体育教育大纲也曾提出，要使学生的身体得到协调发展，保持很高的工作能力，学会自我锻炼的方法，养成良好的卫生习惯。可以说，现代体育教育不再仅是满足学生在校期间使身体得到锻炼，增进健康，而是要考虑学生离开学校走向社会后，仍能坚持体育活动、锻炼身体。体育教育不仅教会学生几种运动方法，而且还要教会学生在今后的生活中根据自己的身体条件，选择适合自己的锻炼方式，使学生终身都能从体育中受益。

### （二）体育教育功能、目标扩大化

现代化的社会离不开现代化的人，现代化的人不仅要有广博的知识，还要有创新的能力，同时还要有健壮的体格和高尚的品德。由于现代化人的整体性发展的需要，促使体育教育打破了单科教育的观念，即认为体育教育是发展身体、增强体质的专门教育。现代体育教育密切联系现代化人的需求，强调体育教育的整体效应。简言之，现代体育教育的目标，除了发展学生身体、增强体质外，还要求通过身体教育培养学生良好的道德和意志品质，养成良好的行为规范，发展人际关系。通过体育教育，要开发学生认识事物的能力，发展创造性思维能力，使学生掌握对美的理解及表现。通过体育教育，要培养学生正确的体育观念，养成终身进行体育运动的能力和态度。某些国家如芬兰等，强调使学生通过体育教育体验到快乐和幸福，从而培养体育爱好，促进健康的心理形成。现代体育教育的功能与目标大大突破传统的单科教育思想，而是以教育的整体思想去取而代之，这是今后的一个发展方向。

### （三）体育教学方法的多样化

现代化教育思想重视个性的发展，这意味着教育要注意每一个人的特点和差别，同时现代教学设备和环境又为满足个体需要提供了条件。因此，现代体育教学方法有一个重要的发展趋势，即多样化发展。

### （四）体育教学评价的定量化

对体育课进行分析评定，有助于提高体育教学的质量和效果，提高教师业务水平；有利于进行教学研究，把体育教学建立在科学的基础上。对体育教学的评价一般可从两个方面去进行：一是以教学过程为基础，即教师的个性特征和教学行为；二是以教学结果为基础，即学生的成绩和进步。传统的体育教学评价多采用定性分析的方式，近年来对体育教学的评价渐渐由定性分析转向定量化的发展趋势。

# 第二节　体育教育的本质与特征

## 一、体育教育的本质概述

体育教育的本质是指体育教育自身固有的根本属性，是体育教育学研究的一个理论问题，也是体育教育科学化、现代化的一个重要标志。由于历史上许多体育家曾做过各种表述，对体育教育本质认识不同，对体育教育指导思想也提出许多不同观点，以至于众说纷纭。今天，由马克思主义作为理论指导，体育教育理论不断发展成熟，为圆满解决这个问题提供了依据。

体育教育的性质是由"体育"概念的内涵决定的。因为体育内涵反映了体育的特有属性，特有属性表现了事物的本质，体育的特有属性表现了体育学科的性质。"体育"概念是人们在实践中形成的。甲午战争后，李鸿章将许多西洋名词直接借用日文输入中国，体育一词亦如此。当时对体育的真正含义没有确切的认识，只是将游戏、体操等运动项目，看成卫生、健身或娱乐性质的身体活动。认为体育即教育的说法，可以说是绝无仅有。对于体育的内涵和性质通过分析可得出：体育是动的教育，并非仅限于身体的教育。它以各种方式的身体活动为方法，来完成教育目的。体育是教育的一环，其所采用的教学方式和环境布置虽有差异，但最终目的相同。

本质（essence）一词，系指事物中不变且不可缺的性质。讨论体育教育本质，要把握体育现象中不可变的性质，否则将不能对体育教育有完整概念，更不会有明确认识。体育教育的性质是由体育学科的性质决定的，体育学科的性质是具有多质性的动的教育。对教育有了认识以后，体育教育也随之获得应有基础，就实质而言，不论是其目的还是价值，体育教育完全符合现代教育意义。广义地说，体育教育是生活教育的一环；狭义地说，体育教育是有意实施的全面发展教育的一部分。

## 二、体育教育的特征

### （一）群众性

体育教育是全体青少年和儿童都必须参加的教育活动。体育教育是国民体育的基础，也是学校教育的重要组成部分，接受体育教育是学生的权利和义务。国家规定，每个学生都必须上体育课，并按一定要求参加早操、课间操与课外体育活动。我国施行的《中学生体育合格标准》，要求每个学生毕业时应达到一定的体育标准，否则不能毕业和报考上一级学校。由此可见，学校的体育教育是作为一项义务，具有一定的法规性、强制性，这反映了社会为培养人才在体育教育方面的基本要求。同时，学生接受体育教育，需要把这种强制性转化为自觉的行动，养成锻炼身体的习惯与乐趣（学生主观需要）。体育教育这种义务与权利的统一、法规与自愿的统一，决定了学校体育教育的群众性。

### （二）基础性

体育教育具有鲜明的基础性。由于青少年正处于长知识、长身体的关键时期，促进他们身心获得全面而协调的发展，奠定良好的体质基础，具有现实和长远的意义。我国正在进行宏伟的四个现代化建设，要实现现代化，建设具有中国特色的社会主义，科技是关键，教育是基础，必须培养大批的德、智、体、美、劳全面发展的人才。体育教育是教育的组成部分，具有基础性特征，应从小开始奠定良好的体育基础。

### （三）健身性

增进学生的健康，增强学生的体质，发展学生体能，是世界各国体育教育共同追求的重要目标，虽然体育教育的目标趋向多元化，但健身是体育教育区别于其他社会文化教育现象最本质的特征。

### （四）教育性

体育教育在学校教育过程中，既是教育的内容，又是教育的手段，具有很强的教育性。体育教育在对学生进行思想品德、意志品质教育，陶冶学生情操，促进学生个性发展等方面，具有易接受性、生动性等特点，可以获得良好的教育效果。因而，体育教育在建设社会主义精神文明中，在"教书育人"过程中，具有其他内容和手段不可取代的特殊作用。

### （五）阶段性

青少年阶段对于体育教育来说，是最为重要的阶段。因为这一阶段是青少年身心迅速发展阶段，具有鲜明的阶段性特征。体育教育必须充分把握这一关键时机和重要阶段。由于青少年身心发育具有鲜明的年龄特征，因此，必须依据他们的不同年龄阶段的生理特征，正确地确定体育的目标，选择适宜的体育教育内容，采用多种多样的教学方法和手段以促进青少年全面发展，完成体育教育的任务。

### （六）滞后性

体育教育的社会效益和经济效益具有滞后性，不能急功近利，立见成效。因为学生"三基"的掌握，体能的发展，思想品德的形成，体质的增强，都需经过一个过程，要通过社会实践和社会生活的检验，才能显现出来，因此，盲目地、一味地追求体育教育投资的效益是不明智的短期行为。

# 第三节 体育教育的过程

## 一、体育教育过程的本质以及教学特点

### （一）体育教育过程的本质

教学过程是教学的实施过程，是由教师的"知"转化为学生的"知"，由"知"转化为"能"，并发展其"能"，转化为一定信念和道德品质的过程。

教学过程是教学活动的核心问题，历代中外教育家都重视探讨教学过程。教学过程的理论是多样的、发展的、各具特色的。对体育教育过程的理论研究当前还比较薄弱，有些理论问题正在探索之中。

体育教育是多目标、多层次的动态系统。谈到教学，人们常用"进行""完

成""实现"这些字眼，就是说，教学实际上是在不断变化运动和发展着，是在活动和过程中完成的。更准确地说：过程是系统状态的更换，教学是一种活动，教学过程就是系统状态的更换。那么这是一种什么系统？它是由什么组成？包含哪些因素？它的结构是怎样的？研究体育教育过程的结构体系，除了要从促进学生德、智、体、美全面发展的教育观点出发，更重要的是从整体观和系统观来研究体育教育的优劣、特点、原则、方法等理论问题。

体育教育过程是一个认识过程（包括知识传授、动作技能形成，也是一个体能和智能的发展过程），又是一个多目标、多形式、多序列的过程，因此应把体育教育看作一个教学系统。体育教育过程具有复合性，它包含了认识系列、激发认识系列，也包含教师调控系列和学生自控系列，还包含社会需要、教育要求、思想道德、个性发展与学生身心和谐发展的系列。体育教育过程具有多功能的综合性，既传授体育知识、技术，又发展学生的体力，还要进行思想品德教育，塑造完善个性。体育教育过程还具有多样化形式的复合性，从认识论角度看，体育教育过程是一种特殊的认识过程；从结构理论看，体育教育过程是在传授体育知识技术、发展体力的基础上最大限度地培养能力，发展学生智能和体能的多层次的动态变化过程；从控制论和信息论角度看，体育教育过程则是教与学之间信息传递和反馈的控制过程；从教育心理学看，体育教育过程是以学生认知为基础的全面心理活动过程和以能力为核心的个性心理统一培养、塑造和发展过程；从运动生理和生物化学角度看，体育教育又是遵循人体机能活动变化规律和人体运动适应规律，发展学生的体能过程；从社会学角度来看，体育教育还是对学生进行思想品德教育，完善学生个性的社会性教育过程。

从经济学、管理学、人才学分析，教学过程是培养社会生产和社会生活所需要的各级各类人才的过程。由于体育教育过程本质属性决定，研究教学过程要用系统论观点，从整体性和全过程上对教学过程的各个侧面进行客观的、系统的、全面的、综合的分析研究。

**（二）体育教育的特点**

体育教育是一个教育过程，它不但与一般学科有共同之处，具备一般教育过程的普遍特点和规律，而且它还有独特之处，不只局限于一般的特点和规律。深入研究体育教育的特殊性及其具体规律，进而运用于教学实践，是搞好体育教育的首要工作和提高教学质量的重要途径。

体育教育具有以下特点：教学活动方式以实践为主；教学的组织工作比较复杂；学生生理与心理活动具有综合复杂性；身体锻炼同卫生保健相结合。

## 二、体育教育的基本规律

我们把教学过程中的规律称为教学现象的内在本质联系，这种联系决定了教学现象必然的表现和发展。列宁说："规律就是关系。"[①] 规律可分为动力规律和统计规律。动力规律是说，按照这种规律，知道客体原来的状况，就可对它以后的一系列状况作出只有一种含义的判断，知其一，就知其二。统计规律是说，如果客体或系统在规定条件下有改变的趋势，按照这种规律就可预见已经形成趋势的某种概率。教学过程的某些规律和社会科学一样，绝大多数规律是统计规律，所以能表现一种趋势。

### （一）教学过程是一种社会活动，具有社会制约性

教学是一种特殊的、专门的社会活动，是一种相对独立的社会现象——传授社会经验的手段，这种经验首先是以人类活动为基础的。通过教学传授的不是这种活动本身，也不是活动中产生的关系，而是各种关系的模式、原则和标准，所以必须把教学作为人类活动的统一整体来考察。学校体育教学的使命在于培养全面发展的合格人才，这样的人必须符合现代要求。我国正处在社会主义初级阶段，我国的体育教学要受到这个历史阶段生产力发展水平、科学技术水平以及文化教育、体育事业发展水平的制约。在当代，科学、技术、生产三者的相互关系和相互作用的形式发生了深刻的变化，科学已不再仅仅作为生产推动的结果，跟在生产实践的后面，为生产的发展开辟各种可能途径，准备各种前提条件，并迅速转化为直接生产力。同时，科学和技术的发展呈现出高度统一和密切结合，这种"科学—技术—生产"的加速循环，对作为传递只是手段的教育和教学提出新的要求。

---

① 梁启昆.学科教育学导论 [M].大连：大连理工大学出版社，1992：312.

科学技术和社会生产发展的新形势，使传统教学面临着一场新的改革，使传统的教育观念和教学理论发生历史性变革。科学技术发展不仅加速了科学知识的积累，而且促使人们深入地探讨科学教育和体育教育的价值和规律，许多新的教育思想应时产生，使人们对教育的价值和规律的认识深化，但这也决定了体育教学必须据此而受到制约。教育的产业观念、开放教育观念、多样化教育观念以及注重发展和创造的教育观念，对体育教学目的、任务、内容、方法及组织形式都产生诸多影响。现代科学技术和生产的发展，对体育也产生深刻影响，现代体育已经成为一个多层次、多结构、多目标的动态系统，它向生物、心理、社会体育观转变，同时，这种观念也必然制约着体育教学。

### （二）教学内容和教学过程的统一

社会对教育的要求，首先表现在教学内容上，教学过程、教学方法及其组织形式都是由内容决定的。教学内容体现了社会目的，决定了教学的进程。反之，教学过程的规律性又影响了内容的形成。教学过程和教学内容既是统一的，又是相互制约的。教学内容的社会本质，决定了它对教学过程的制约作用，同时，由于教学内容属于教育学范畴，必须从教育学角度解释社会需要。开展教育活动的形式（教学方法、组织形式）取决于教学内容自身的性质，而教学内容借助于教学活动形式，才能成为新一代的财富。教学内容和教学过程相互影响具体表现在两方面：

#### 1. 实际方面

实际上教学内容存在于各种教学活动形式之中，教学内容是按教学阶段和教学形式分配的，它们像是"粘"在一起的。各部分教学内容都是通过一个个教学活动实现的。

#### 2. 表述方面

可以把教学内容从教学活动中划分出来，并对此进行分析和设计。因此，教学内容只存在于教学大纲之中。学校的历史和教育学的历史证明，不考虑教育学实施和教育学积累的知识经验，片面制定教学内容和教学方法，在教学实际中是行不通的。仅认为教材要符合体育学科的现代水平，教学方法符合心理学要求这是很不够的。

### （三）体育教学是师生双方活动的过程

教学过程，包括教师的"教"和学生们的"学"。教与学的相互作用的联系是符合客观规律、不以人们的意志为转移的。任何教学都要求教师、学生和所学习的客体之间能够有目的地相互作用，没有这种相互作用，就没有教学。这种作用可以是直接的，也可以是间接的，但是不能没有。学生宣读课本，也是一种相互作用，教师布置作业是有意图的，而课本是可以代替和代表教师的。假如是没有目的的相互作用，那就叫作"自学"，叫作交际过程中的自发认识，但不能称为教学。教学过程，只有在学生积极活动情况下才能进行。在教学中，学生对掌握对象的学习活动强度愈大，方面愈广，掌握的质量就愈高，这是由组织教学活动的性质决定的。从教学过程最优化的实现条件来看，教学过程的最优化是由教师的教育和学生的学习活动的最优化构成的。

### （四）教养性、发展性、教育性的统一

体育教学过程，不但是体力发展，也是智力发展、精神发展的教育过程，这是发展的教学。所谓发展的教学，就是知识和活动方法的教学必须与人的智力、道德、审美、思想、劳动和身体的发展并进，追求人的全面发展，而不仅只是培养身体强健或具有文化知识的人为满足。在教学过程中，教学和教育是分不开的。教师指导学生掌握知识的同时，也要进行思想教育，提高学生道德修养水平。知识教学的是客观事物的规律，而思想教育则是对客观事物所采取的一定态度，因此，知识教学为思想教育提供知识基础。体育学习是一种有目的的活动，学习的目的性越明确，学习的积极性越高。教师通过思想教育，不断提高学生的思想觉悟，引导学生把个人的学习同祖国的前途联系起来，可以调动学生学习和锻炼的积极性、主动性，给学生的学习以巨大动力，促进他们自觉地坚持学习，不断提高学习质量。

教学和教育的联系是相互的，教学在一定条件下影响教育水平，而教育程度越高，教学效果会越好，质量会越高。教学依靠学生的动机范围，同时又能形成和加强学生的动机。教学过程自始至终具有教育性，教育性可以这样表述：任何教的活动中的具体行动，不论它给学习活动带来什么特点，也不论什么样的学习内容，都会给学生以某种教育影响。这种影响有可能好，有可能坏，还可能不好不坏，如果是第三种情况，教学可能使学生某些个性品质得到保持、巩固乃至加强。体育教学是教学、教育、发展的统一，它同样需要促进学生德育、美育、智育、劳动技术教育等诸方面的和谐发展，更何况体育教学中就实实在在地蕴含着丰富的智育、美育和德育内容。

### （五）体育教学与学生身心发展制约性

体育教学与学生身心发展的关系是相互适应、相互促进的关系。体育教学要与学生身心发育和成长的发展规律、特点相适应，要因势利导；学生的身心发展又有"可塑性""受教性"，体育教学要科学地估计其发展巨大潜力，促进其迅速发展，并随其发展而不断改进和提高，否则发展会停滞。体育教学只有随着身心发展适时予以改进和提高，才能缩短身心发展的停滞期，促进身心发展由一个水平向另一个较高水平发展。需要注意的是，体育教学中要注重人体生理机能活动规律，同时也不能与心理活动变化规律分开。

# 第四节　体育教育的目标

## 一、体育教育目标的概念和特性

### （一）体育教育目标的概念

体育教育目标是指在一定的时间和范围内，体育教育工作所期望达到的要求、结果和标准。教育目标的研究与探讨已有许多年了，制定教育目标一直是教育学家、心理学家所特别关心的主题。早在 20 世纪 30 年代，随着进步主义教育运动的兴起，美国俄亥俄州立大学的泰勒教授首先提出"教育目标"这一概念。一般的教育目标，任务偏重描述性，往往缺乏明确而具体的量化标准，多是在一段教学结束后，把该阶段的教学效果当作这一阶段的教学目标，因而不能准确地测定教学的效能。而教育目标理论强调，教学的效果只有通过结果与教育目标比较才能说明。因此，教育目标的制定要力求避免笼统的表述，要以量化的指标加以描述。

### （二）体育教育目标的特性

教育目的与教育目标既有统一性，又有一定的区别。体育教育目标应具备的特性有：

1. 指向性

由于体育教育目标影响与制约着体育教育发展的方向是体育教育的领导管理机构及其体育教育工作者进行工作的出发点和所遵循的思想和策略。因此，目标具有指向性。

2. 社会性

目标的制定是人们对客观事物的正确认识，因此，目标的实施必然受到社会的制约。

3. 可行性

可行性就是可达成性，是组织和成员经过一定努力可以达到的。因此，目标的提出要切合实际，制定得不能过低或过高，使各级组织和人员具有可接受性。

4. 层次性

目标是一个具有层次性的系统，如有战略性目标，也有具体目标，有大目标，也有小目标，各种目标之间都有一定的从属、递进关系，它们相互联系，形成一个有序的、有层次性的目标系统。

5. 可测性

教育目标同教育（或教学）目的和任务不同，目的和任务是教师的期望和假设，缺乏量和质的规定，观察和测量难以进行，效果难以评价。而目标则将目的和任务量化，可观察，可测量，可作为学生学习行为的评估依据。

## 二、体育教育目标的制定依据

### （一）我国的实际条件

制定教育目标要依据实际国情。制定我国学校体育目标时，要依据我国社会主义初级阶段所具有的国情特点。为了使确定的教育目标有适应性与可行性，必须充分考虑学校的客观条件和体育工作基础，从实际出发，制定一个切实可行的体育目标体系。

### （二）体育教育的本质特征与功能

体育教育目标的制定应突出增强体质、促进健康、发展体能的本质功能，同时也应是多维的体育观，充分考虑体育教育本质功能规定与影响下所具有的多功能、多目标，这样才能制定一个全面系统的体育教育目标体系。

### （三）学校的教育方针、体育方针与政策

教育方针体现了国家对学校体育的重视、关怀，同时也体现了国家对体育教育工作的基本要求，因此，体育教育目标的制定必须遵循国家的方针政策。

### （四）学生的身心发展特点及其规律

青少年儿童在生长发育的不同阶段和不同时期具有不同生长发育特点，因此，要切合学生不同年龄实际，提出科学而合理的体育教育目标体系。

## 三、体育教育目标的制定原则

### （一）指向性原则

学校体育教育目标要有明确的指向，这个指向就是社会主义的方向。学校体育教育是社会主义学校教育事业不可分割的有机组成部分。培养德、智、体、美

全面发展的社会主义建设者和保卫者是通过不断提高学校教育质量而实现的，因此，目标的制定，必须把重点放在提高学生质量的标准上。

### （二）综合性原则

学校体育教育是一个多维、立体交叉却不稳定的系统，但它又是一个整体，只有把相关的目标综合成一个整体，才能全面反映学校体育教育的发展要求。就目标的性质而言，可分为数量目标和形象目标。数量目标以绝对数或相对数表示在某一方面其要达到的水平或程度，这种目标在一定时期内保持不变，因而又被称为静态目标；形象目标是用具体的形象来对比要达到的预期结果，由于对比的对象本身是变化的，故追求的预期结果也是变动的，因而又被称为动态目标。就目标的构成而言，可分为效果目标（终极目标）、形成目标（过程目标）和条件目标（基础目标）。这三类目标中都含有静态和动态两种性质的目标，因此在制定学校体育目标时，必须综合考虑上述几个方面的有机结合。

### （三）统一性和灵活性相结合原则

根据当前我国各省、自治区、直辖市经济、教育发展不平衡的现状，制定学校体育教育目标时必须将统一性和灵活性结合起来，不注意这一点就失去了目标的可行性。统一性是要求制定目标的依据、方向、指导思想和目标体系是一致的，这样才能使全国各级各类学校的体育教育目标具有一致的方向和效应；灵活性则体现在指标、标准范围和程度上的不等同，使目标具有适应不同地区、不同类别学校的实际可行性。绝不能将统一与灵活对立起来，更不能以灵活为掩体任意放弃应有的目标要求。

### （四）现实与发展相结合原则

现实条件是我们制定学校体育教育目标的客观依据。目标不是主观产物，它的提出是一个从客观到主观、从物质到精神的过程；目标的实现，则是一个从主观到客观、从精神到物质的转化过程。因此，目标的提出和实现，始终受客观规律和社会历史条件的制约。客观规律不以人的意识为转移，但社会条件则是一个具有持续性和广延性的动态发展过程。制定学校体育教育目标既要依据我国的现实条件，但又要看社会主义初级阶段中所具有的发展趋势，如教育地区的重视与提高、教育投资的增长、改革开放的进展、体育的社会化等。看不到发展的一面，目标就不能称其为目标，就失去了目标的导向、激励、管理等作用。所以，必须把现实条件和发展的可能结合起来加以研究。

## 第五节　体育教育与个性

### 一、个性的概念与形成条件

"个性"这个词，在西方最早出现在拉丁文中，即"persona"，指的是古希腊、罗马时期代表不同剧中人的演员佩戴的假面具，如同中国京剧中代表不同人物性格的脸谱。"个性"是一个在哲学、心理学、教育学、伦理学等出现率最高的名词。在体育教育中，个性多是指学生在体育活动中经常表现出来的比较稳定的个体心理特征总和。

个性的特征有：

第一，个性的整体性。即个性是全面影响人的心理和行为的一种因素，对人的发展起决定性作用。

第二，个性的独特性。即个性的差异性，由于先天素质、后天社会生活及所受教育条件不同，个性差异很大。个性不是芸芸众生的品质，而是活生生的各自不同的人格。

第三，个性的多面性。个性是由生物因素亚结构、心理亚结构、社会亚结构和个性倾向亚结构体组成的。

第四，个性的动力性。这是由个性的稳定性和可变性推导出来的特征，说明个性既可使人的心理、行为稳定成型，也可使相对稳定的心理、行为在一定条件下发生变化。

人的个性应包含人的气质、性格、情感、意志、兴趣、爱好、智力、意向、经验、态度、抱负、观念、理想等方面有别于他人的特点等内容。在相同年龄的学生中，可以发现有的聪明机灵，有的迟钝、呆板，有的善于思考，能够做大量复杂的武术套路或体操动作，有的性格开朗好言谈，有的却性格孤僻不好交际；有的性格坚强不怕受挫折，有的却性格软弱，经不起挫折和失败等，这些都是个性差异。

体育教育在培养青少年个性方面起着独特的、其他教育形式难以起到的作用，这是由体育教育所具有的特点决定的。体育是人的独立行为活动。社会心理学家认为研究个性不能离开活动，人的个性在任何方面都不是先于人的活动而存在的，个性也和人的意识一样，产生于活动。体育教育过程中，学生是活动主体，与其他教育活动不同的是学生没有固定在一张课桌前，他们可以在一个广阔的领域里尽情游戏、奔跑、竞赛，他们的个性既可以充分展示出来，又可以在各项活动中得到充分发展。

在体育教育活动中，学生们有较广泛的社会交往和人际关系。个性是社会关系的产物，在体育活动中，学生们有较大的社会流动、社会交往。社会学调查证明，经常从事体育活动的学生比一般学生要参加更多的社会活动和社会组织，他们在这些社会组织和活动中，个性可以得到充分发展和完善。

体育活动是陪伴青少年终身的一项活动，它与人的密切程度常常超过其他活动，因此它对人的个性的塑造起到稳定而长久的作用。一方面，个性有选择活动的作用，另一方面运动锻炼又在改造、调整、完善人的个性。

体育活动项目丰富多样、种类繁多，可供青少年选择，每个人都可以从中选择一个或几个使自己感兴趣的项目，并在其中扮演一个"角色"，这种活动方式，可以加深个性差别。即使在同一球队，中锋和后卫、主攻手和二传手、攻击型和防守型的队员都会形成不同的个性表现。

随着现代教育的发展，教育界日益重视发展和完善学生个性。

为什么现代体育教育要注重发展学生个性呢？

首先，这是贯彻党的教育方针、培养现代合格人才的需要。体育教育的对象是不同年龄的学生，他们的体力、智力等身心发展水平都是有差异的，为了使他们在德、智、体诸方面得到全面的发展。必须注重发展学生个性。其次，为了更好地完成体育教育教学任务，也需要发展学生个性。体育教育使学生在生动活泼的环境、气氛中进行练习，从中发展学生身体，使学生掌握知识技能、身心健康发展，在练习中使其感到欢乐、舒畅，情感上得到满足，只有这样才能培养学生的锻炼能力，并有助于学生形成体育观念，这是提高教育质量的需要。

## 二、体育教育对动机、态度的培养

人在一定社会生活中通过各种经验，获得各种特有需要，如体育需要、艺术需要等，充分满足需要是个性发展的重要条件。需要是个性的一种状态，个性积极性的源泉，心理发展的动力，因此，发展个性就必须在体育教育中培养动机。

### （一）动机概念和分类

学生从事体育运动，不仅要达到一定的目的，而且要有一定的动机。一个人的行为活动总是由一定的动机引起的，例如，足球运动员参加足球比赛，他也有一定目的，可能是获得胜利，使其所在球队晋级，也可能是为了锻炼身体。有的学生经常从事足球运动就是一种满足，那么他所体验的满足就变成了动机。动机是激励人们去行动的内驱力，是人的行动的内在动力，它是受客观物质生活条件所决定的，能激发人为完成目标而努力，常以兴趣、愿望、理想等形式表现出来。动机在人的行动中具有重要意义，一个人的动机决定他行动的质量。

### （二）诱发长远和正确的学习动机

1. 学习动机是激励学习的内在原因

学习动机是在一定诱因条件下，意识到满足需要的目标而产生的内在动因。

2. 提高目标设置水平，培养正确、长远的学习动机

学习动机是在一定诱因条件下形成的，要激发学生的学习动机，就要重视提供诱因。一方面，创设各种条件提供良好的外部诱因；另一方面采取教育措施，通过外部诱因帮助学生形成良好的内部诱因。在提供诱因时，重要的是帮助学生

不断提高目标设置水平而不是空洞的说教。只有当学生的学习需要与其学习目标的意识结合起来时，才能产生学习动机，而且，学生学习的目标水平可以决定其动机水平。所以，要提高学生的学习动机水平，就要不断提高他们的目标水平。

3. 激发学习欲望，培养学生兴趣

学习动机和需要直接联系，往往以兴趣和愿望的形式表现出来。学习兴趣在学习动机中是最重要、最起作用的，是人们力求认识事物或从事某种活动的积极且较稳定的倾向。学生直接兴趣和间接兴趣结合可以激发正确的学习动机，提高学习效率。

4. 态度培养与个性发展

体育态度与个性发展有密切关系，态度是在气质基础上形成的，是通过引起行动而形成和改变的。一般态度是个人对有关的各种对象或情况的反应，受经验指示性影响而使精神做好准备的状态。体育态度有两类：一类是对体育本身的态度，另一类是通过体育而形成的态度问题。

5. 确定正确的学习价值观，端正学习态度

学习态度是构成一个人性格特征的重要组成部分，也是学生对学习活动所特有的评价和行为倾向。学生的学习态度可以从他们对学习意义的认识，在学习中所产生的积极或消极情绪、情感体验及在从事学习活动中的积极或消极行为表现出来。

## 三、体育教育对个性发展的要求

第一，认真识别和承认学生个性，对不同个性给予鼓励。要培养和发展学生个性，就要发现和辨认个性。有位教育家曾说过，游戏可以使孩子的天性暴露无遗。只有识别出他们的不同个性才能施加引导和教育。[①] 另外，教师对不同个性的学生都要给予鼓励，要允许学生有不同个性，强求一律是不可取的。对个性鲜明的学生不应用一个模式去强求他们。

---

① 陈挺，邢国涛. 理论学术研究 [M]. 长春：吉林人民出版社，2007：40.

第二，要了解掌握学生个性差异，有针对性地"因材施教"。想要发展学生个性，只是识别和承认学生个性还不够，还要了解学生个性差异，这对教育实践有着重要意义。学生个性差异是多方面的，包括兴趣差异、气质差异、性格差异、能力差异。

## 四、个性发展的方法

在体育教育中，发展学生个性的方法有很多种，像掌握运动技能和发展体能教法都有可能发展学生个性，但在体育教育、教学过程中，发展学生个性还有比较适用的方法。

### （一）启发诱导法

这是由教师提出任务，启发学生自主探求完成任务的具体途径，在教学过程中，引导学生逐渐达到教师要求，最后由教师提供正确答案的方法。其主要特点有：在授课时，教师提出要求，但不讲解，也不示范，以激发学生思维为主；可采用多种手段提示，正误对比、短时间讨论等进行启发，正确的示范尽可能让学生做，最后由教师给出正确答案；当学生学会后，可采用竞争法、巡回法以引起学生兴趣，提高学生学习积极性。

### （二）学导式教学法

学导式教学法是在教师的指导下，学生进行自学、自练的一种方法。学导式教学法既是一种教学法，同时也是一种教学思想，它是一种充分重视教学过程中"学"的因素的教学思想，在充分发挥学生主动性的基础上，教师采用各种教学手段，创造条件积极引导，使学生主动探索、开发智力、发展体能，让学生成为学习的主人，发展学生个性。学导式教学法是"学"与"导"的统一，在学生自学、自练过程中，教师要善于引导，引起学生思维和探索的兴趣，使学生真正做到"知其然，又知其所以然"。

### （三）发现教学法

发现法又叫问题法，它是利用青少年好奇、好问、好学的心理特征，以培养学生探究性思维方法与目标的一种方法。运用发现法的一般教学步骤有：提出问题或创设问题的情境，使学生在这种情境中产生疑难和矛盾，按照教师提出的要求带着问题去探索；学生通过反复练习，掌握动作技术的基本原理与方法；组织学生提出假设和通过实践进行验证，学生有不同的见解可开展讨论与争辩；对动作技术的原理方法和争论的问题作出总结，得出共同的结论。

### （四）程序教学法

程序教学法是指对所学教材的教学要具有严格的顺序性，以便为学生最大限度地掌握教材内容，体现最佳化的控制手段。程序教学是一项现代教学方法和技术，其特征是按顺序考虑学习内容，以达到学习过程的有效性和经济性。程序教学是借助合理的方法，进行有控制性的教学过程。程序教学的本质是学习过程的独立性，学习时间、学习途径均由个人决定。所以，一般直线程序要考虑小步骤的原则，但大步骤就要考虑分支程序。正因为如此，程序教学具有错误较少的特征。直线程序教学是将教材分成若干较小的分量，按照一定顺序给各种分量的教材分成若干"小步子"，编制系列组织教学。分支程序教学是将整个教材一份一份的分开，即分成比直线程序教学程序较大的"步子"进行按步检查，通过观察和测试，判断学生掌握教材的程度，并通过学生的信息反馈，确定下一步的教法和手段。因此，程序教学可以使每个学生最大限度地掌握教材，并建立模式化教法，以便使学生达到高度的自觉性、独立性。

### （五）指标法

教师根据教学小组每个学生的实际水平，预先向学生提出经过努力可达到的指标，并要求学生按预定指标进行练习的一种方法。这种方法有助于培养学生独立自主能力，使学生根据自己的情况，确定自己目标，并寻求适合自己实际学习练习途径和方法。其特点是：教师拟定的小组或个人的指标，力求得到学生的同意，并且是经过努力所达到的；学生在完成指标过程中，强调学生自我评价；运动能力较强或体弱学生，可按教师要求自拟指标；此法适用于简易技术学习或增强身体素质练习的教材。

## 第六节 体育教育与德育

### 一、体育教育与德育的关系

体育教育包括思想教育因素，按照体育教育特点进行思想教育，这是一个不以人们意志为转移的、带有规律性的现象。

纵观古今中外的历史，各国教育无一例外地均重视德育。德育是教育者按照一定的社会要求，有目的、有计划地对受教育者施加影响和培育，使他们养成所期望的品德。对德育这个概念，不能理解为一般意义上的道德教育，其内涵应包括人们的政治态度、世界观以及道德品质等。我国是社会主义国家，我们的目的是要建设社会主义社会，最终实现共产主义。因此，学校应向学生进行德育、共产主义思想理论和信仰教育。目前，各级各类学校设有政治课，专门对学生进行马克思主义基本理论和思想政治教育，以及富有时代精神的道德品质教育，其他各门课程也要结合各学科的特点，把共产主义思想意识、社会主义道德情操贯穿在整个学校教育中。

当前，我国正处在现代化建设的伟大时期，我们党确定要把我国建设成为具有高度物质文明和高度社会主义精神文明的国家。社会主义精神文明是社会主义的特征之一，高度的精神文明要求提高人们的社会主义道德风尚和伦理修养水平，树立共产主义远大目标，增强人的精神动力和奋斗意志。所以，进行思想品德教育是建设社会主义现代化强国的一个重要手段，是社会各个领域的责任，更是学校教育的责任。体育教育是学校教育的一个重要组成部分，其对学生进行思想品德教育，是社会的需要，也是新的历史时期的要求，决不能忽视。

体育属于人类总文化范畴，它本身就是社会精神文明的一个组成部分。体育教育同德育的密切联系还表现在体育教育所具有的教育性，因为体育教学在向学生传授知识、技能和培养能力的过程中能影响学生思想感情，培养学生的意志品质和性格特征，为学生世界观的形成起到积极的影响。不论什么样的教学都在客观上对学生起着教育作用。早在 19 世纪，德国教育家赫尔巴特就提出了教学的教育性问题。他说："我不承认有任何'无教育的教学'。"又说："教学如果没有进行德育教育，只是一种没目的的手段；道德教育（或品格教育）如果没有教学，就是一种失去手段的目的。"[①] 马克思列宁主义揭示了教育的本质，更强调教育与教学的统一，教学的科学性和思想性的统一。正确利用教学的教育性这一客观规律，充分发挥教学在思想教育中的积极作用，使教学成为培养社会主义新人的重要手段。体育教育同德育教育有着密切联系，是由体育教育过程自身的特点决定的，人的道德习惯、道德观点和道德情感在运动的特殊条件下会显露。众所周知，道德修养的标志之一就是看一个人如何对待他人，如何对待他人的行为、成就或挫折。例如，学生对待体育运动成绩，对同班同学参加竞赛和完成课业的反应是各种各样的，有的人真诚地为同伴的成就高兴，有的人却很冷淡，有的人则嫉妒。一个善于思考的教师往往能够用这些表现来培养学生的道德态度。体育活动过程为进行各种教育活动提供了种种可能性，或者是准确地按照信号和指挥进行活动，或者是在自由选择的情况下进行活动，这些活动会提高行为的责任感、自我评价和自我组织作用，会对培养学生的自觉纪律起很大作用。体育教育的思想性还表现在教材内容中，不论是运动知识或健康教育知识的内容，都包含丰富的思想内容，具有品格教育的行为指向与规范。

## 二、体育教育中德育教育的基本内容

### （一）社会主义思想品德教育

教育青少年树立社会主义思想品德，首先要提高他们对社会主义思想品德的认识，使他们懂得什么是社会主义思想、道德、意志和品质，弄清社会主义思想品德和资本主义、封建主义思想品德的区别。只有提高了认识水平，才能使他们在从事工作和待人接物时建立起美好的情感，并且以顽强的意志在长期磨炼中、在生活实践中与旧的情感进行的斗争，从而建立共产主义理想信念。信念是深刻、

---

[①]　戴本博 . 外国教育史（中）[M]. 北京：人民教育出版社，1990：67.

炽热、顽强的思想和道德意志的有机统一，而其统一的基础是人们履行社会主义义务的社会生活实践。在树立坚定的思想和道德信念的过程中，人们的行为也随之逐步成为日常的习惯。从培养思想品德的角度来看，认识是前提和根据，情感和意志是内在条件，信念是核心和主导力量，习惯是行为的自然延续。

### （二）爱国主义教育

热爱祖国是社会主义教育的重要内容，热爱祖国、保卫祖国，是中华人民共和国宪法规定的每个公民应尽的义务，也是人民的道德规范。热爱祖国主要表现在对社会主义祖国、对领导人民建设祖国的中国共产党的热爱；对建设社会主义和实现共产主义的关心和追求；对社会主义祖国无限忠诚。解放军战士常说："祖国的尊严高于一切，人民利益高于一切，为了保卫祖国，保卫人民，我们愿意献出一切。"他们为保卫祖国而英勇战斗，以至献出自己的生命，这就是崇高爱国主义的表现。体育运动对培养爱国主义的精神具有重要作用，具体体现在两个方面：一是为建设祖国、保卫祖国而锻炼身体；二是为国家作出贡献，为国家争取光荣。努力锻炼身体是爱国主义的表现，学校教育必须从这种崇高的道德观念出发，认识和对待体育。有的青年战士写信给他们的母校，感谢母校对他们的教育，特别是学校体育给他们打下强健的身体基础，使他们能够胜利完成战斗任务。这说明体育对保卫祖国的重要意义，也说明学校体育是向学生进行爱国主义教育的好教材。

### （三）集体主义教育

集体主义教育是社会主义思想道德教育的基本内容之一，体现了工人阶级和广大劳动人民群众的根本利益，它是社会主义道德用以调整个人和社会关系所应遵循的根本指导原则。在社会主义道德中，贯穿着集体主义的基本原则，例如，爱祖国、爱人民、爱护公共财物，同学间互相友爱、互相关心、团结合作、遵守纪律等，都是集体主义的表现。集体主义基本原则的主要内容是从人民的根本利益出发，坚持集体利益高于个人利益，在保证集体利益的前提下把个人利益结合起来，当两者发生矛盾时，个人利益必须无条件服从集体利益。儿童和少年直接感知和接触的集体是学校和班集体，在这个时期，主要是通过学校生活，对他们进行集体主义教育。学校体育几乎都是集体的活动，要求有组织、有纪律、密切合作、互相帮助，共同完成某一活动。儿童和少年在某一体育活动中，以实际行为表现出个人与集体、个人与个人之间的许多思想、态度和感情，因而体育课比在教室静坐的文化学习课，有更多实际进行集体主义教育的机会，可以发挥较好的教育效果。

### （四）民主法制和组织纪律教育

学生在体育活动中，特别是在游戏和体育比赛中，都必须遵守比赛规则，在规则面前人人平等，任何人违反规则都要接受处罚。由于学生在年少时普遍都非常爱好游戏和体育竞赛，在从事游戏和比赛的实际活动的知识和经验是比较深刻的，这使他们不但懂得了规则的内容，而且常常为犯规和不犯规引起民主的讨论和裁决；对于应当怎样才能取得游戏或比赛的胜利，常常进行民主讨论，每个人都要服从民主的决定。这些都是民主法制的初步教育。在体育运动中，强调遵守规则，发扬民主讨论的精神，对学生有重要的教育意义。

# 第七节　体育教育与智育

## 一、体育教育与智育的关系

### （一）体育教育与智育辩证统一的关系

体育与智育相互联系，对人的全面发展具有重要意义。体育与智育相互联系是辩证统一的，智力的增长和发展，要求体力也得到相应发展，而身体素质的提高，又会改善进行智力活动的条件，从而对学生的工作能力和学习成绩产生一定影响。学习系统的专业知识，发展运动记忆，学会分析评价自己的行为，这一切既能解决智育的任务，又能解决体育的任务。生理学家巴甫洛夫说："……我毕生热爱脑力劳动和体力劳动，或许更热爱体力劳动，当手脑结合在一起的时候，我就感到特别愉快。我衷心希望青年们能沿着这条唯一能保证人类幸福的道路继续前进！"（《巴甫洛夫给顿巴斯矿技工的信》）巴甫洛夫所提出的道路，正是体力与智力结合、手脑结合、全面发展的成才之路。古往今来，教育历来都是培养人才的事业，其对于开发智力资源有着极其重要的作用。所谓智力就是人认识客观事物并运用知识解决实际问题的能力。一般来说，智力就是我们平常所说的心理过程中所表现出来的观察力、注意力、记忆力、想象力、思维力和分析判断力等构成的统一体。人的智力是物质的反映特性在人的心理、意识水平上的一种表现形态。智力不是孤零零、无依无靠的东西，智力的发展首先依靠它的物质承担者大脑的发育成熟；其次依靠人的各种实践活动深入进行。世界上出现过许多体魄强壮，并能在现实生活中战胜一切的伟大人物。

### （二）体育教育促进智力发展

体育锻炼可以增强人的体质，促进大脑发育，使大脑获得营养和氧气，同时可提高脑细胞反应速度，提高大脑对疲劳的耐受力，经常运动有助于掌握各种学科技能、技巧。另外，语言机能和运动是密切相关的，所以运动对治疗有语言障碍的儿童是有效的。费雷什曼和亨珀尔曾让语言能力高的一群儿童和语言能力相对较低的一群儿童进行辨别反应的练习，研究发现，在学习初期，语言高的一群明显占优势，提高到一定程度后，这种差别有缩小趋势。言语能力和运动的这种关系，是由于运动时伴有智力活动这一事实而产生的。许多材料表明，运动能力的发展水平与相应的智力基础相关，如果没有一定集中注意强度、敏锐观察感知、牢固记忆、良好思考、顽强意志、稳定情绪，是不可能完成有效的运动技术任务的。从这个意义上说，体育教育是一般教育的基础。儿童时期，可以单纯通过运动来刺激智力发展，为学习提供基础条件。

### （三）智力发展有利于体育教育

经常从事体育运动可以促进智力发展，但并不是只要运动就会发展智力，也不否认，体力发展与智力发展两者间存有矛盾和对立。在具体安排上，体育与文化科学知识学习有一个争时间、争体力的矛盾。如果安排得当，能使它们相得益彰，不但可以使运动锻炼促进智力发展，而且也可以发展智力有益于健康。体育运动促进人的身体健康，进而能够促进智力发展，但不是运动就等于智力发展。这是因为智力活动的直接承担者是大脑，大脑的健康发育属于生物运动范畴，而智力发展则属思维运动范畴，两者有本质区别。大脑良好发育只为智力发展提供可能性，将这种可能性转变为现实还需要一定的发展过程。在这一过程中，勇于实践、勤奋用脑是重要条件。脑子好比是刀，思考、动脑好像是磨刀，刀子愈磨愈锋利，头脑愈用愈伶俐。

## 二、体育教育中智育的要求

### （一）加强体育知识、理论教育，提高学生体育文化素养

从宏观角度看，体育是人类所创造的文化的一部分，它表示人对自身进行变革的认识理论和方法。现代体育文化的扩展和拓宽，要求体育教育要重视体育知识和理论教学。知识是锻炼身体的向导，是掌握运动技术的先决条件，有了科学知识和理论指导，才能使运动锻炼建立在科学基础上，提高锻炼效果。加强体育知识理论教学，还可充分发挥体育课的教育功能，促进学生德、智、体、美全面发展。迈克索和兹维列夫通过对体育课的研究指出："再现的方法使学生活动缺乏独立性和创造性。而把科学知识与体育教学联系起来，使学生掌握活动规律性和运动对机体影响的规律性，对所学的实际动作从理论上弄通，这是体育教育重要特色之一。"[1] 现代社会体育已经成为人们生活方式的重要组成部分，人们从事运动，不只是为了防病健身的需要，还是个性发展、调节情感、社会交往、娱乐和丰富生活的需要。因此要让学生了解体育，能够欣赏竞技运动比赛，具有组织小型竞赛的能力，了解更多的体育保健、健身知识，进而提高文化素养水平。当今，发达国家都在体育教育过程中，加强知识理论教育，增加理论讲授课时，充实内容，加强考核。我国新制定的"九年义务制体育教学大纲"中明确规定知识理论课占整个体育课时数的12%～15%，并建立起理论与实践相结合的学科体系。

---

[1]　罗希尧，王伯英 . 初中教师之友（体育卷）[M]. 长春：东北师范大学出版社，1995：20.

## （二）加强弱侧机体运动，开发大脑半球潜力

人的智能等高级神经活动是通过大脑实现的，大脑的两半球分别支配着对侧肢体的运动和感觉，运动激活了脑细胞的功能。原苏联科尔佐娃教授的实验证明：训练婴儿左手能加速大脑右半球语言区的成熟，训练右手能加速大脑左半球语言区成熟。[①] 这一实验证明，手的活动对大脑语言区成熟，对大脑的发育具有促进作用。现代生理学证明：大脑两个半球的功能有显著不同，左脑具有语言、概念、数字、分析推理等功能，即左脑的功能同逻辑思维有密切关系；右脑具有音乐、绘画、空间几何、想象、综合等功能，即右脑同想象思维与情感关系密切。据调查，96% 的人主要用右手活动，这促进了左半球的语言、数字计算、抽象思维功能发展，而右半球的空间识别、音乐绘画、形象思维发展较差。根据联合国教科文组织在关于大脑研究报告中说，"人的大脑中有很大一部分潜力未曾加以利用"[②]，而且还是右脑。体育活动正是开发右脑功能的有力工具。有学者指出：若能改变这种"忙闲不均"的状态，调动大脑两半球的积极性，那么他们所能完成的事业可达到惊人程度。

在体育教学和训练中，应有计划地增加弱手练习内容。如弱手持实心球、垒球投准、掷远，两人互握，弱手拔河，弱手运动、传球、投篮以及编创弱侧体操，加强不习惯活动一侧肢体的力量性和技巧性练习。在体育活动中应养成"左右开弓"的习惯。

## （三）注意学科横向联系，引导学生学以致用

体育科学不是一个单一的学科，而是由许多学科组成的学科群。它包括从社会科学方面研究体育的学科，有从自然科学方面研究体育的学科。它是采取多学科的理论知识和方法进行研究的一门学科。在体育教育理论知识讲授中所涉及的内容是十分广泛的，它必然同许多学科发生密切联系。如果学生善于用所学过的数学、力学、生物学、生理学、卫生学等课程中的知识，就能够更好地理解所学

---

① 郑启明，薛天祥. 高等教育学 [M]. 上海：华东师范大学出版社，1985：30.

② 郑庆林，戴长江. 素质教育与教师能力 [M]. 合肥：安徽大学出版社，1998：49.

的运动意义和结构，因此，教师在教学中应明确各年级体育理论知识同相关学科的联系。

在教学中要使理论与实践密切结合，就要将与运动动作客观规律有联系的理论知识、与身体练习对机体影响相联系的理论知识，尽可能在体育实践课中讲授，或依靠学生在其他课上获得知识，让学生自己领悟到有关他们所要完成动作规律的答案。例如，在学习跳远时，可以让学生讲明跳远者飞行的远度取决于什么原因；在学习投掷项目时，教师可以给学生提出用各种角度推掷铅球的任务，用以比较每次的成绩。

### （四）注重培养学生分析问题、解决问题和自学自练的能力

培养分析问题、解决问题的能力是学校教育的最重要任务之一。所谓解决问题是指学生在学习过程、日常生活和社会实践中，面临新情况、新课题需要解决时，寻求处理手段和办法的心理活动。唐纳德·约翰逊认为："解决问题包括准备、生成和判断等阶段。准备是指确定问题的性质，确定有哪些信息以及解决方法有什么约束条件等；生成是指想出一些可供选择的解决方法；判断是指对这些方法作出评价。"[①] 顺利地解决问题需具备的条件有：正确理解问题，要注意问题每一细节特征，弄清问题性质和复杂程度；掌握解决问题的资料和有效方法；有效地运用策略和制订计划；通过复制和逆推方法检验结果。

### （五）注重创造力的培养

创造力是能创造出具有社会价值的新理论或新事物的各种心理特点的综合，是智力发展的高级形式。人的创造力和人的创造性活动是相联系的，它包含智力因素和非智力因素（个性心理品质）。智力因素是指与认识过程相联系的心理过程，而非智力因素是指不直接参与但制约着认识过程的心理活动。在人才成长道路上，智力因素和优良的个性品质两者相辅相成。

---

① 黄辉. 现代思维科学研究 [M]. 成都：电子科技大学出版社，2004：113.

# 第八节　体育教育与美育

体育教育最终是要培养德、智、体、美全面发展的社会主义建设者和保卫者。因此，体育教育中的美育，既是教育目的，也是培养塑造全面发展人才的手段。美育渗透到学校教育各学科，在体育学科中尤为突出。实际上，体育教育中的美育，不仅有其独特的教育手段，而且有独特的教育效果。它不像美术，是通过图画中的线条、色彩、形状来发展视觉，提高学生辨别各种不同色彩变化的美，以及观察造型的庄重美和优雅美。它也不像音乐，是通过音响、节奏、旋律来塑造音乐形象，发展学生听觉。它是一种富有多种艺术因素的人体运动美的教育，它是培养青少年艺术美的一个重要方面。

## 一、体育教育与美育的关系

审美心理结构与人的体质结构存在密切的联系，从而使审美教育同体育教育的完美交融、有机结合成为可能。但是也必须看到，审美心理结构同人的体质结构又毕竟属于人的本质的不同层次，因此作为以完善各自结构为目的的教育活动也必然具有不同的规律，显示出不同的特点。毫无疑问，研究这些规律和特点，弄清审美教育与体育教育的区别，对科学地进行审美教育和体育教育，具有重要意义。

### （一）体育教育与美育的区别

#### 1.心灵塑造与体能培养

美育的目标在于完善个体审美心理结构，通过审美感知力、想象力、理解力的培养，即通过审美能力的培养，审美趣味和审美理想的培养，来塑造情感和心灵。美育注重人的"心"的培养，相对应，体育教育则重在人的"身"的锻炼，以促进个体的体格强健，体能的全面发展，提高对外界环境的适应能力和生存能力。

2. 审美形式与标准范型

由于美育重在心灵塑造，体育教育重在体能培养，因此二者实施教育的媒介也必然不尽相同。体育教育所凭借的媒介，与美育相比，不限于审美对象，而是多样和广泛的。体育教育通常把显示身体强壮健美、精神饱满、精力充沛、具有示范意义的整体形象，作为实施体育教育的主要媒介。从静态上看，它应是同良好的精神状态相适应的强壮有力、无病理反应的健康体魄；比例适度、均匀协调的体形；均衡分布、丰满的肌肉；富有生命力和弹性的皮肤等。从动态看，它应是在强烈的竞技运动中能够充分发挥人体潜能，动作协调、灵敏，具有较高速度、耐力、柔韧性等。总之，人体，包括人体的内部构造和外部形式，以及人体运动的内部结构和外部形式均构成体育教育的媒介，具体说就是体育教师和优秀体育运动员。受教育者通过他们，或就在他们的体质总体上，确立自己的目标和理想，并以他们为范型，完善自己的体质，因此，在体育教育中，施教者往往又同时是教育媒介。施教者这种一身二任的特点，在美育中不如体育教育那样突出，这就对施教的体育教师和优秀运动员提出了一个体质规格的基本要求。目前，对于优秀运动员的施教者的地位，从教育学的角度尚没有引起人们的注意和研究，对于体育教师的规格要求，虽然引起了重视并比较明确，但从施教媒介的角度，则还须进一步强调。因此，从教育媒介来看，美育的媒介是审美形式，体育教育的媒介是标准范型。

3. 自由观照与意志操作

如果说媒介是实现教育目标的条件，那么教育目标最后实现则依靠特定的方法和手段。美育与体育教育由于目标的不同和媒介的不同，实施的方法和手段或者说途径也就不同。

### （二）体育教育与美育的联系

体育教育与美育尽管在教育目标、教育媒介和教育途径上各有其特点，有各自独立的教育体系，但是这两种教育又是相互交融、相互渗透、互为手段、互为目的。体育教育与美育作为完善人格结构的整体进程的两个侧面，存在着密切的联系。

1. 体育教育是美育的基础

人的体质结构是审美心理结构的物质基础。体质结构的改善，直接影响和提高审美心理的健康发展。运动生理学研究表明，身体运动在增强体质，强壮体魄，开发体能中占有突出的地位。在增强体质的含义中，包括神经系统的改善和人的感受器官感知、反应能力的增强。研究发现，长期对婴儿进行右手的屈伸训练，能加速大脑左半球语言区的成熟，训练左手可以加快大脑右半球语言区的成熟。研究还发现，一个以右手劳动为主的成年人，其大脑左半球的语言机能占优势，左侧体积比右侧大。这证明，以体互动为手段的体育教育，对大脑神经系统发育完善有重要意义。研究还发现，体育教育还能丰富神经细胞突触中传递神经冲动的介质，并在传递神经冲动时引起酸离介子的释放，缩短神经冲动在突触延搁的时间，加快突触的传递过程，从而提高神经系统的灵活性。这种灵活性，突出表现在人的感知器官和运动器官对外界刺激的反应能力的增强。

2. 体育教育的审美渗透

体育教育不仅为美育创造了物质基础和条件，同时在体育教育中也总有美育的参与。

## 二、体育美的特性与内容形式

任何事物和现象，都有它与众不同的特点。体育美是美的事物的一种表现形式，它必然具备美的事物的一般特性。当然，由于体育美的质的规定性具有其独特特征，这种特征寓于共性之中，概括起来有以下几方面：

### （一）形象性

美的事物总是形象、具体的，是可凭感官直接感受的。它们的内容是通过一定的色、声、形等物质材料构成的外在形式表现出来的。例如，运动员的健壮身体美，指的是具体人，而不是抽象人，它的美必须通过具体运动员的体型、发达的肌肉、红润的面庞、健康的皮肤等方面体现出来。

### （二）感染性

体育美不只是具体形象的，而且有很强的感染力，它不是直接诉诸人的理智，而是诉诸人的情感，通过它，以情感人、激励人、愉悦人。无论是健壮的身体、优美的动作，还是勇敢的拼搏精神，都会使人们心旷神怡。体育美感染性的固有特点，既不单纯表现在内容上，也不是单纯表现在形式上，而是在内容和形式统一中体现。体育美犹如一面镜子，使人可以从中看到自己充满力量和智慧的形象，看到自己丰富多彩的生活，因此，体育美才能引起人们爱慕、喜悦的心情。

### （三）自然美与社会美的综合性

体育是人具有一定形式的有机活动，同时又是有一定形式特点的社会活动，这决定了体育美具有自然美和社会美结合起来的特征。通过人的机体活动创造出身材匀称、肌肉发达、精力充沛的健康美，它以感性形式引起人们愉悦的感情，这是体育的自然美。体育的这种自然美不同于一般的自然美，如不同于风光的自然美，风光美往往被一种盲目的自然力所支配，而体育的自然美则是通过人们自觉而有计划的自身锻炼来实现的。体育美又是具有社会性的，表现在体育活动是一种社会活动。体育美的产生和发展都离不开体育实践，体育美对人来说是一种社会价值，这种价值是通过体育运动实践逐渐形成的，它受政治、经济文化所制约，这是体育美的社会属性。体育美的社会属性还突出表现在它的教育性上，体育美成为对年轻一代进行全面发展教育的重要内容。

### （四）相对性与绝对性

体育美并不是一成不变的，它与周围环境发生着各种关系。在体育活动实践中，经常会遇到这种情况，一个对象，在此时此地是美的，可是到了彼时彼地，却不一定美了，这表明体育美具有相对性。例如，冰球比赛中运动员穿上护具，风驰电掣般滑行，显示了人的灵巧、速度和力量，自然会给人以美感，然而冰球运动员穿着那套护具去散步，就不存在美感了。

美之所以为美，丑之所以为丑，都有其质的规定性。在一切具有感性形态体育活动中，美与丑的矛盾始终存在，并通过斗争相互转化，从而推动体育美的发展，这种斗争是无条件的、绝对的。

体育美的内容是极为丰富的，体育美的种类繁多。从体育活动直接效果说，健美的体魄所体现出来的青春美、健康美、体型美、姿态美、风度美、力量美、速度美、造型美都呈现在各种运动之中。在竞技运动中娴熟的技术美和多变善战的战术美也都直接表现在运动之中，运动员为国争光、勇敢无畏、敢打敢拼的精神，也经常表现在竞赛之中。

### 三、体育教育中美育的要求

人体运动的各种动作是作为特殊的感性形式进入审美领域的。朱光潜说过："人体以它生动、柔和的线条和美的轮廓，有力的体魄和匀称的形态，滋润、光泽、透明的色彩成为大自然中最完美的一部分，标志着星球上最高级生命的尊严。"[①] 蔡元培认为："体操者，一方以健康为目的，一方实以身体为美的形式发展，希腊雕像所以空前绝美，即由于此。"[②] 这两段论述与前述关于体质和美的运动形式关系的分析是一致的。我们可以进一步确认，体育教育是遵循着形式美的规律的。形式美是客观事物各种形式结构的美，包含事物的形状、结构、体积、色彩、光线、质地、空间，以及音色、节奏、韵律的美。在体育教育中，人体和人体运动以其美的形式而进入审美领域。对运动者自身而言，便是审美主客体的融为一体，除视觉、听觉所感受的美外，还存在着一种本体所感受的美。这样，在体育教育中，受教者也就在亲身操作的运动中，同时积累着审美经验，形成与发展审美心理结构。这也就是说，在体育教育中，必然地进行着双重的建构过程，即体质结构的建构和审美心理结构的建构。由于人的身体活动总是受心理活动的支配，于是，审美心理结构既在体育教育中建构，又同时反过来指导体育结构的建构。因此，对于身体运动的形式美的遵循和追求，便构成了体育教育中的审美模式。

---

① 余虹，罗金远.美育概论 [M].武汉：湖北人民出版社，1990：117.
② 吴世常.美学资料集 [M].郑州：河南人民出版社，1983：230.

　　在体育教育中，审美模式对于运动形式的影响体现在两个方面：一是塑造美的人体结构；二是塑造美的人体运动形式，包含动作的多样统一、整齐、对称、比例、均衡、对比、和谐、层次、节奏等。依据这一特点，体育教育中的审美教育应注意做到以下事项：注重人体的形态美和动作美的培养；注重正常的生长发育和正确的身体姿势；注重协调和韵律感；要注意教师自己的仪表、教态美和教法手段美；要运用场地器材的布置和利用自然环境进行美育；体育教育要将音乐引进课堂进行美育教育；结合技术训练和运动竞赛进行美育。

# 第三章　体育教育的传播功能

# 第一节 体育教育传播与社会

教育是一种科学，真实的教育也是一种活动、一种策略，在这一过程中，人们可以通过信息的传播与沟通得以互相感应、互相理解、互相影响、互相控制、互相结合、互相斗争。任何过程都是由一系列阶段或步骤组成的，一套各不相同的程序就是根据这些阶段式步骤来完成的，它主要有两个方面，即行为过程和功能过程，行为过程就是传播的过程，它可以通过组织机构的具体操作活动来进行，行为过程主要因素是传播者、信息、媒体、受传者、信息反馈、传播环境、传播效果等；功能过程就是教育活动中相同的机能、组织及不同的人物发挥自己特有的功能，但功能如何发挥，取决于不同的媒体传播运作。无论是传播者还是受传者，只有通过媒介达到一种共识和理解才能使教育活动中的不同意见、主张、信息得以交流、沟通、协调和统一。教育传播的目的是传播者通过信息来影响受传者、左右受传者的态度和行为，使受传者按传播者的要求作出应有的反应。这种传播具有一定的阶段性、劝服性和辐射性。教育传播是一项明确的教育社会活动，它不仅会影响一个人的命运，甚至会影响和改变一个民族的命运、一个国家的命运。运用好教育传播，有利于民族的发展，有利于国家利益的发展。

人类教育发展的历史告诉我们，体育教育起初是在彼此完全隔离的环境下孤立地进行的一种活动，只有随着人类的"两种生产"的不断发展才由各种氏族之间、胞族之间、部落之间，发展到国家之间和世界范围。而这些发展过程的推动力主要的一种功能，即教育功能。只有在教育和谐的情况下，体育教育才能够进行充分的交流，互相传播，才能维系体育教育的连续发展，进一步提高和壮大，反之将会相互抵触、中断和消失，影响体育教育的发展。

体育教育还可以在不断的交流过程中，促进国家的安全、民族的团结。体育作为现代社会文化的一种独特文化形态，在经济、教育存在着地域封闭倾向。从历史原因上看，不同地域的民族在其自我发展过程中均有自己的文化支持，并逐渐发展成有地域特色的文化体系。在这一体系中，从价值观意识到行为，都有其自己的评价标准和规范。

从社会的角度看，不同的社会运行机制也存在着差异，这种差异强化着人们的价值观、意识观和行为规范，使社会的习俗沿着一定的方向发展。这两个方面其实都制约着体育教育的发展，然而体育教育具有其独特特征。现实的社会交流更多的是以融合为本，这为体育教育的发展提供了动力，使体育文化被全球性文化所认同，起到了相互渗透、相互促进的作用，并最终达到体育的全球化。体育作为现代社会文化的一种独特文化形态，在教育上可以振奋民族精神，进行爱国主义教育，提高国家在世界上的地位，并服务于国家的外交政策，促进各族人民团结和社会的安定。

体育教育在形式上可以促进各国政府重视体育活动，推动体育的全球化和体育人口的不断增加。

## 第二节　体育教育传播与经济

一切事物的发展都有着自己的历史、现实和未来。体育教育作为社会教育系统的一个教育体系，也必然随着人类的社会发展而发展，经历史的沿革到今天的现实，然后再向新的时空发展下去。体育教育是一个具有多层次并包含着丰富内容的范畴，它归属意识形态领域，不论它是消退性发展还是渐进性发展，都必然受到经济基础的制约和限制，经济的增长与体育教育的进步发展是成正比的，是体育教育发展的主要推动力量，也是传播的重要手段之一。

### 一、经济发展为体育教育发展提供良好的物质条件

经济的增长就意味着先进的体育设施的添置、科学仪器的启用、训练场馆的增加和翻新、运动器材的多样化，人们可以随时随地去参加体育锻炼活动。同时，这也将为进行大规模的国际比赛奠定坚实的物质基础，从而进一步推动体育教育事业的发展。

## 二、经济体制的改革为体育教育发展铺平了道路

经济体制的改革不但促进了经济水平的提高，而且它还影响着政治体制和其他管理体制的改革发展与完善。随着改革的不断深入，各行各业的精神面貌焕然一新，体育文化活动也逐渐深入每一个角落。在经济发展的浪潮推动下，体育文化管理也被提到了重要的议事日程上来。一些大专院校也提出了这方面的要求，这也不同程度地促使了体育教育的进一步发展，为体育教育的发展铺平了前进的道路。

# 第三节 体育教育传播与教育

教育是人类社会历史的遗产、传统和经验的积淀，它需要经过普及性和广泛性的传播，才能成为社会上每一个人所必须具备的素质和能力，这是现代社会国民教育的主要任务，也是民族教育发展的前提。从维护教育自身的持续与发展而言，教育的过程就是文化的过程，教育的内容也就是文化的内容，教育的形式也就是文化的形式。而且，文化活动的目的是扩充文化的内容，开拓文化的领域，使社会的每一个个体都能享受到文化的内容。所以，文化的共享范围越大就越能维护文化的延续与成长，这跟通过教育使历史遗产广泛流传于社会是一个道理。所以教育实质是一种文化传播媒介，教育工作者通过讲台和教科书把历史传统和前人经验推向社会，留给后人。因此，教育的规律也必须服从于传播的规律。

社会的发展创造了教育，人类为了避免文化的断丧，就必须通过教育来加以保存。在文化内容简单和疲乏的时期，其教学组织的手段和方法也非常简易。但是经过日积月累，文化内容日趋繁复，再加上创造不断地增加，使得文化的分化越来越精良、越来越细微，因而教育的方式也必然越来越科学和严密。为此，人类为了保存和传播文化就需要一些严密的组织和制度去实施传播。

作为体育教育传播的重要媒介，教育是一种长期的、社会的、体现人际关系的活动。它除了可以传授知识以外，还有其他审美、道德等方面的教育活动。就教育的传递而言，没有任何一个社会机构能超过学校体育教育的作用。

学校作为知识的传播园地，是组织最为严密、计划最为周全、环境最为优美

的地方。在那里，学生可以接受一整套教学程序的教育，并且有专业人员进行培训，同时，其所用的教材也是系统且具有连贯性的。学校的教学对象是学生，是未成年的社会成员，他们的知识、观念、信仰、习惯和技能等方面的形成与培养都有赖于学校的教育。因此，学校对社会影响的深度和广度都远超成人教育和其他资讯传播媒介。在现代，学校教育掺入了与社会环境息息相关的政治、经济、社会、文化等诸因素。

体育教育在教育方面主要表现为社会教育和学校教育。

## 一、体育教育与社会教育

教育传播对一个社会系统的发展有着强烈的影响。社会作为一个有机体，在不断地吸收自己创造和交流进入的文化养分，使社会结构完善、整合，社会运转稳定、协调。每个社会成员都在文化网络中、在社会化过程中，与他人互相沟通，维系人与人、人与社会间的一致关系。就一个社会系统内部而言，人际、群际交流是文化延续的根本，是人由自然人过渡到社会人的条件。因为文化的传递，社会成员能在统一与协调的社会文化规范的约束下，扮演着自己的角色。文化传播方式、渠道的现代性，使社会化功能进一步加强，对人的文化信息控制也更为严厉、有效。这也为社会成员更有效、更便利地获取文化提供了方便。文化的传播使社会成员与社会的要求和期望达到了一致与认同，这些教育的继承者们以自己的社会行为捍卫了这个教育制度。

随着社会的进步，生产的发展以及人类需要的层次也在提高。在体育产生和发展的相当长的时期中，人们更多地注重体育增强体质的功能。体育教育也是一种教育，它需要社会的支持与帮助。教育靠社会存在而彰显，社会靠教育发展而凝结，教育与社会是密切不可分的辩证统一体。人类经过多年进化，已经从个体生活方式进入群体生活方式，特别是现代社会，任何人都不能离群索居，经营单独的生活。只有生活在社会当中，并经过个人的学习性活动获得社会所认可的行为标准和行为规范才能立足于社会。人们需要了解社会所认可的知识、信仰和行为模式，要掌握生存活动的各种技能，要学习自然的和社会的一些基本规律，而这些属于认知的或有价值的社会遗产，都是通过资讯的方式在社会上传播的。体育文化是最早进行传播的文化，人们为了生存拿起石头、棍棒等物质作为武器进行狩猎来获取食物。为了更快地获取食物，人们相互之间进行广泛的交流，传授技艺达到更高的技能，最后发展成为现在的体育项目，如标枪、射击、射箭等体育运动项目。这些项目的形成和延续，主要是靠体育教育的交流进行传播的，其是社会发展的必然结果和产物。

体育教育功能是体育文化最基本的派生功能，就其功能的广泛性而言，它对社会所产生的影响是体育文化其他社会功能所无法比拟的。经常参加体育运动，能够激励和培养人的竞争意识、奋发向上的精神、高度的集体主义荣誉感、顽强拼搏争取胜利的自信心以及坚强的毅力，形成良好的心理品质和精神风貌，在健康教育上能全面提高全民族体质和身心健康水平，促进学生身体的正常发育，并使其获得较高的技能，以适应社会发展的需要。

## 二、体育教育与学校教育

学校阶段的体育教育要使学生身心获得全面健康的发展，增进学生健康的体质；要使学生学习体育文化知识和技能，使学生掌握锻炼身体的基本技能和知识；要培养学生高尚的道德意志品质，保持全身心健康的能力，养成终身体育锻炼的兴趣和习惯，适应未来的社会化发展的需要。学校还是发现、培养和输送竞技体育人才的基地。

体育教育在学校教育的重要功能是竞争意识。不管在什么情况下，经常参与体育运动，接受体育文化教育的人，他们的所作所为都表现出一股强大的凝聚力，他们都具有一往无前、团结向上、英勇进取、永攀高峰的热情和激情。这种由于参加体育文化活动所激发出的热情和激情是不可估量的。体育文化的竞争意识，不仅仅反映在体育竞技方面，它除了比身体、比技术、比经验以外，还要比思想、比意识、比作风和拼搏精神，这是一种全面的对抗，对每一个参加者来说，不管是哪一方面都是一种严峻的考验。竞争是体育的灵魂，没有竞争就没有超越，没有竞争就没有创新和发展，也就不能很好地将体育精神世代相传下去。

### 三、体育教育与法律规范和道德规范教育

体育教育是调整和教育人们形成正当社会规范的有力手段之一，它是法律规范和道德规范两者兼而有之。体育运动的规则、裁判法在竞赛时具有法律效力。体育法规和体育制度是人们在长期的训练、比赛过程中逐渐形成和发展起来的一种文化现象，它是体育为实现训练和比赛需要而要求全体教练员、运动员共同遵守的各种规章制度、行为准则和行为规范，人们可以心甘情愿地接受它的管束和制裁。体育道德保证了体育运动竞争的连续性，这种竞争是在团结协作和友爱的气氛中进行的，是培养人们社会规范的基本要素，它的作用已经被越来越多的人所认识。体育运动的这些规则和道德规范，在人们的现实生活中起着很大的促进作用。同时它也是调节体育内部人际关系的基本准则。这也从中教育人们，法律面前人人平等。只有这样，体育教育才能继续开展，才能相互交流，才能更加广泛地传播下去。

根据人的自然属性和社会属性，在社会的体育领域中，要满足人们生理、心理和精神文化的需要，就必须有一定的制度来做保证。但建立了体育制度，并不意味着需要必然就得到了实现，需要的实现必须由人的行为来实践，这样制度的功能就体现出来了。

体育制度是人们在体育领域的社会关系的规范、行为的准则。体育领域作为社会的一部分，具有相当大的独立性，但是它又和社会的其他领域紧密联系，这就决定了体育制度具有整合作用。一般来说，一场体育竞技比赛，裁判法都明确地规定了各裁判的职责范围，任何人不能有越轨的行为出现，如在排球比赛过程中，司线员只能摇旗示意而不能鸣笛，即使场上运动员有明显的触网犯规动作也无权裁决，当然，其目的并不是允许运动员犯规，而是为了保证裁判员的分工协调配合，从而保证全盘比赛的顺利进行。这就说明不管在什么情况下，每个人都必须遵守各项规章制度，这样才能确保社会的安定。

随着现代社会的进一步发展，社会上的分工也越来越细，专业性越来越强，体力劳动相应的有了较大的改变。在这种情况下，为了群体的利益，政府就必须有效地制定出适合群体利益的规章制度，并贯彻、执行其规章制度。体育领域也

是如此，需要一些规章制度来保障体育人才和运动员的身心健康。所以说体育制度是人类传递体育教育现象的重要手段，同时也是加强人们对法治观念和道德规范教育的有力措施。

## 四、体育教育与审美教育

体育教育能指导人们树立崇高的目标，这是因为体育运动是在通过团结协作和奋斗而获得成功的，尽管人们参与其中的目的不一样，但它可以给人们以启示，树立起奋斗的目标，在竞争中得到快乐，从中也可以塑造和发展自己的个性和创造性。体育文化还能够塑造人的精神美，培养人们的审美兴趣，提高人们感受美、鉴赏美的能力，人们可以通过参加体育活动来追求美的享受，陶冶美的情操。

美育，就是审美教育，或称美感教育。美育既是美学的一个组成部分，又是教育的一个组成部分。审美教育不仅要从认识上，还要从情感上端正自身与客观世界的关系。审美教育是通过艺术熏陶，唤起人们的创造性天赋，培养人们的审美能力和审美理想，它关系到内在人性、心灵的塑造。它包括身体的培育、灵魂的塑造、道德的修养、气质的陶冶，即美化自己、美化环境、美化世界。体育的审美教育主要是通过体育的教学、运动训练和运动竞赛来完成的。主要任务是围绕增强体质，塑造健美体形，促进自身机能完善，形成对身体的正确审美观念。也就是通过各种形式，把美育贯彻落实到体育教学的各个环节，用美育来开拓人们的视野，陶冶人们的情操，以促进学生德、智、体、美和谐发展，从而达到传播的效果。审美教育是体育教育发展的重要内容之一。

# 第四章　体育教育的媒介传播

# 第一节　体育教育的书刊传播

在传播体育教育的众多媒介中，书籍、报刊、杂志是公认的老字号，1896 年的第一届奥运会便有了报纸的宣传和报道，有些运动员就是从报纸上得知即将召开奥运会的消息，然后设法自行参加比赛。书籍、报刊、杂志与人类社会的发展和技术进步是相伴而生的，是传播体育文化的一座丰碑，同时它们又以其独特的行为方式向人们展示体育活动的各种图景，尽情地向人们传播体育世界的各种信息。

# 第二节　体育教育的媒体传播

当今世界，人们正处在一个以电视、电脑、多媒体为经纬的高度信息化的时代。尤其是电视，在几十年内异军突起、席卷全球，成为继报纸、书籍、电影、广播之后，世界上最强有力的大众传播媒介。美国的艺术理论家沃尔夫·里拉是这样描述电视的："电视进入社会组织之中，它是家居生活的一部分，它侵入家庭生活，它影响了思想，并改变了习惯，几乎成为现代城市文明生活中每个人的一部分。"[1]

事实上，在现实生活中也的确如此，电视教育人、电视启发人；电视改变了我们的认知，电视能够使人获得信息；电视在人们休息的时候可以给人们以娱乐；电视是有效的公众媒介。总之，电视已成为人们日常生活中不可缺少的文化样式，电视在渐渐改变我们的生活，影响我们的生活。

---

[1]　杨河山，曹茜 . 电视文化 [M]. 哈尔滨：北方文艺出版社，1992：50.

# 第三节 体育教育的网络传播

人类社会正是拥有了丰富而又多样的信息传播媒体才使得人类积累的历史文化知识得以完整地保存、迅速地传播与有效地利用，才使得人类社会的科学技术成果获得不断创新。人类社会正在进入信息时代，信息的重要性已越来越深入人心。信息传播媒体在发挥信息的重要性方面还将继续为人类作出巨大的贡献。当人类步入20世纪90年代以后，在新技术革命的宏观背景下，信息传播媒体发生了革命性的变化，新传播技术的应用使人类传播体育信息、体育文化的手段取得了空前的进步，一场由现代高新信息技术带来的体育文化传播革命就在我们面前。在这场体育文化传播革命中最引人注目的就是以互联网为代表的网络传播媒体的出现与迅速发展。有许多专家学者坚信：网络媒体将取代目前的各种传播媒体成为未来社会的体育文化传播的主导媒介。

互联网作为传媒与传统大众媒介最大的不同就是它的互联性，它可以在世界范围内凭借计算机的互联使世界各地的人们共享同样的信息。这样，作为人类传播的媒介，它就给不同国家之间的体育文化传播提供了前所未有的方便和迅捷的信息交流渠道，使当今世界的体育文化传播表现出与传统大众传媒时代不同的特点。与传统大众媒介相比，互联网使体育文化传播从概念到形式都发生了变化，它为世界不同地区的人们同时共享相同的体育信息提供了最大的可能性，因时间、空间引起的传播障碍几乎不存在了。

在互联网成为现实之前，世界各国的人们想要了解国外的体育信息，几乎都只能经由本国的大众传媒来实现。作为职业的信息传播机构，大众媒体有权决定哪些信息应予以传播，哪些信息则不予以传播。大众媒介的这种"信息过滤器"的社会职能使各国受众必须接受本国记者、编辑的观点和视角。也就是说，大众传媒的"把关人"实际上决定了本国观众应该知道什么和可以知道什么，一般公众所接受的关于国外的体育信息都是经过"过滤"的信息。因此，可以肯定地说，互联网创造了体育教育传播的新时代，通过互联网进行的体育教育传播，比经由传统大众传媒在时间上更频繁，形式上更直接，范围上更广泛。

### 一、互联网体育教育传播的开放性

互联网带来了全新的体育教育信息交流方式，在网上，几乎所有的体育教育信息资源都是公开的，任何人和机构都可以很容易地通过网络发布与接受体育教育信息。现在，网络媒体已经成为人们传递体育知识、体育教育信息的重要媒介。信息发布自由、信息来源广泛是互联网的重要特色。网络传播为体育教育信息的充分共享创造了便利的条件，人们在获得网络传播媒介的同时也就获得了信息，从而能够摆脱封闭的传统媒体束缚，自由地表达每一个人的体育思想。

体育教育信息的开放与共享是网络传播媒体开放性的核心所在。开放的网络传播媒体是任何传统媒体不可比拟的。例如，报纸每天的版面是有限的，它所传播的体育信息也是有限的，而开放的网络可以让我们随意地寻找各种信息，只要我们有足够的时间上网，就能获得足够的体育信息；广播、电视则受到播出时间与频道的限制，我们只能被动地接受由广播、电视专业人员编辑以后的体育教育信息，而网络传播媒体可以让我们随时随地接受体育教育信息，不再受时间与地点的限制，足不出户就能够阅览世界各地的报纸，获得世界各地的体育教育信息。正是凭借这一优势，网络媒体吸引了越来越多的体育爱好者。

### 二、互联网体育教育传播的迅速性

因特网是计算机技术与现代通信技术的完美结合，在技术支持下，因特网对体育教育传播最突出的优势就是使信息传播的速度大大加快。传统媒体的体育教育信息收集、发布与传播由于种种原因致使信息滞后，而网络传播体育教育信息的方式则便捷得多，其信息量之大、增长速度之快、传播范围之广是其他媒体无法比拟的。网络信息传播媒体利用的是便携式电脑、数字编辑机等现代化通信工具进行实时的编辑和报道。凭借丰富的联机数据库和可视化交互设备，就可以远距离获取所需体育信息，并能够快速地处理流动的体育信息。可以说，网络体育信息的采访、编辑过程就是其出版、传播体育信息的过程。网络迅速的传播速度促使很多传统媒体也在不断加入网络。

人们在网上看到的最新信息使我们能够在生活、工作的过程中及时地感知身外的世界，可以说，信息的传播速度改变了人类的时空观念，这恰恰是网络传播对人类的生活方式所产生的革命性影响。因此，网络媒体传播体育信息的迅速性是网络媒体的又一个重要特征。

### 三、互联网体育教育传播的交互性

网络媒体区别于传统媒体最主要特征是网络媒体传播体育教育信息的交互性。体育教育信息的传播操作在少数人手中，这些体育教育信息传播者决定了用户接收体育教育信息的时间、内容与方式，用户个人不能自己选择所需要的内容，因此用户总是被动的；而网络媒体突破了传统媒体的单项传播模式，实现了双向传播。

网络媒体集中了很多体育教育信息，用户可以自己上网选择，网络媒体在传播体育教育信息的同时允许用户有高度的个人参与，这种方式增强了用户体育教育信息选择的自由度和主动性，用户可以自己决定接受体育教育信息的内容与方式。同时每一个用户在接收体育教育信息时还可以在网上发布自己想发布的体育教育信息，很容易地实现体育教育信息反馈并可以参与到网络媒体体育教育信息重组的过程。所以，与被动的单向体育教育信息传播相比，网络媒体帮助用户实现了体育教育信息的交互传播，从而使网络体育教育信息传播带有强烈的个性化特征。

人类历史的发展过程，就是传播媒介的不断发明和改进的过程。

20 世纪是传媒业飞速发展的时期，按照传媒学者的界定，当一种传媒为某个地方人口的 20% 所使用时，它就成为这个地方的大众传播媒介。在 20 世纪，不仅报纸、书籍这些传统大众媒介得到空前的普及，电影、广播、电视、录音录像的磁带和光盘等也被发明出来，并得到了广泛的推广，加入了大众传播媒介的行列。20 世纪末，互联网异军突起，在一些发达国家得到了广泛运用，成为新兴的大众传媒。

目前，人们除了工作和睡眠之外，用于传媒的时间超过其他任何活动。在现代社会,大众传媒影响着经济、政治、军事、文化等生活的各个方面,影响着各类人的观念意识、好恶偏向、所思所想、七情六欲。

大众传媒有多种职能,其基本职能是传递信息、表达民意,监测环境、警醒公众,引领舆论,指导行动。其他附属职能还有教育、娱乐、整合社会、传承文化、促进经济等。

# 第五章 体育教育的创新发展

# 第一节　体育教育创新的基础

国家的创新能力关系着民族的前途和命运。在工业经济时代，国家的技术创新能力与经济增长和国际竞争力紧密相关；在知识经济时代，国家的创新能力，包括知识创新和技术创新能力，是决定一个国家在国际竞争和世界格局中的地位的重要因素。

国家的综合国力和国际竞争、科技进步和知识创新的水平，将越来越取决于体育教育发展。在体育教育普及程度不断提高的情况下，势必更加注重提高体育教育的质量和效益，把培养高素质的人才特别是培养创新能力和创造精神放在突出位置，可能成为未来体育教育发展的主要模式和整个社会进步的共同要求。我们应当及早准备，迎接新的挑战。

在以高科技为基础的信息时代，如果说知识信息是知识经济的电流，那么高校就是产生这种电流的发电机，高校将成为经济社会发展的重要动力源。

在国家创新体系中，科技创新分为科学发现、技术发明、技术创新和高技术化产业四个阶段。如果把科学发现和技术发明结合起来，则分为知识创新、技术创新和产业化三个阶段。如果把技术创新也就是技术发明的首次市场化，同产业化合起来，可以用发展高科技，实行产业化两段式表达。大学，特别是研究型大学历来是科学发现的温床。20世纪80年代以来，大学的技术转让以及与大学相关的科技园区的蓬勃发展成为一种世界性潮流。20世纪90年代以来，一批大学做出产业化成绩，成为知识经济的领头羊。被誉为"美国高新技术摇篮"的硅谷，围绕着斯坦福和伯克利两所大学，分布着3000多家高科技产业和许多研究开发机构。在这个方圆仅几十千米的小小谷地中，1995年的收入高达850亿美元，其中62%的收入是由那些与斯坦福大学有关的人创造的。因此，对高校的功能认识要有新的突破，高校作为知识传授系统，要以新的思想来设计人才培养模式，培养具有创新能力的人才；高校作为知识创新系统，要敢于创新，在多学科交叉融合中要有新的发现，成为新学科的温床和孵化器；高校作为知识物化系统，要千方百计将新知识新科技成果转化为现实生产力，为人类积累创造更多的财富。

## 第二节　体育教育的观念创新

体育教育创新首先是体育教育观念创新。解放思想、更新观念是体育教育改革与发展的先导和动力。没有体育教育新观念的萌动，没有普遍的心理氛围，没有变革现实的要求，没有勇于改革的胆略，就谈不上体育教育的改革与发展。体育教育的观念创新要以现代体育教育思想为指导，对人才培养目标、培养模式、体育教育内容、体育教育方法重新审视；对现有体育教育思想、体育教育观念深刻反思；不断研究新情况，解决新问题，总结新经验，形成新认识；努力探索体育教育发展的增长点和深化改革的突破点，以体育教育思想观念的新突破带动体育教育改革发展的新突破。观念创新是一个复杂而深刻的过程，涉及许多理论和实践问题。

树立以终身体育教育为信念的体育教育价值观，不仅要靠知识存量，更要靠知识增量。

树立以学会认知、做事、合作和生存四大支柱为核心的体育教育目标观。学会生存，就是学会做人，应处于主导地位；学会认知，主要从知识层次理解；学会做事，主要指技能和经验；学会合作，主要是高度相互依靠的人格和交流网络的形成。

树立以自然科学和人文科学整合为基本特征的体育教育内容观。在现代科技革命的背景下，人的文化背景越宽厚，融会贯通能力就越强，就越容易进入科学前沿。美国加州理工学院院长戴维·巴尔的摩教授认为，自然科学最终只能提供知识而不能提供智慧。智慧是知识和判断的综合，为了取得智慧，理工科学生必须要有人文科学的协助。[①]

目前世界各国都在探讨如何提高 21 世纪的人才素质，尽管各国有各自的构想和目标，但都强调应有全球的战略眼光、争一流的意识和站在国家发展前列的精神。哈佛大学明确提出要培养国家的领袖人物，而不只是专业人才。麻省理工

---

① 沈跃进.体美表现 [M].武汉：华中科技大学出版社，2011：27.

学院在 20 世纪 50 年代初提出要培养具有科学背景的工程师，现在又明确提出，要转向培养全球经济背景下的工程师。信息工程、生物工程、金融工程、环保工程、体育教育工程是 21 世纪的战略工程，这五大工程的显著特点都是自然科学和人文科学的高度结合，因此，我们的体育教育必须从小学就开始重视自然科学体育教育，也要重视人文科学体育教育，还要注意它们的结合。

我们处在新的综合时代，西方科学和东方哲学的结合可能是 21 世纪发展的一个重要驱动力，因此，要树立注重以学生创造个性发展为基本特征的体育教育方法观。

当前，尤其要树立以才为本的观念，以改革创新的精神构筑人才高地。

从这个意义上讲，衡量学校人事政策是否优越，关键要看是否有利于多出人才，早出人才，出拔尖人才。千军易得，一将难求，一个拔尖人才，可以带起一支学术梯队，形成一门优势学科，创出一个名牌专业；一个高素质的拔尖人才，可以决定一个人才群体一路不败的命运。因此，我们要以"海纳百川，有容乃大"的宽阔视野和博大胸怀，广开才路，不拘门户，不拘一格选拔人才。要制定特殊政策措施，完善培养和吸引人才的激励机制，大幅度提高高层次、有突出贡献人才的工作生活待遇，敢于拉开差距，形成人才高地。要解放思想，跳出常规思考，以扶优扶重的措施建立向我国和世界一流冲击的"特区"，使最具潜力和希望的领域率先走向我国和世界一流，使最具实力和希望的中青年拔尖人才尽快成长为我国和世界一流学者。

# 第六章　学校体育教育思想的发展

# 第一节 东西方体育思想发展探索

## 一、东西方体育思想的交融和发展

东西方的体育有着不同的类型，同时也表现出不同的特征。这种区别固然有一些社会和历史原因，但是要分析这种区别形成的直接成因，就应当分析形成这两种体育的体育思想和观念。

中国是典型的东方文化，中国古代体育也是典型的东方体育，中国古代体育的目标是修身养性，其典型的项目包括导引、气功和太极。中国古代体育之所以会形成如此的格局，这和中国文化的哲学思潮有关，也可以说，中国古代的体育观实质上是教育和礼仪观的组成部分，反映了一种对人体认识的人文观。

西方文化发展的历史中，古希腊的科学发展占有重要的地位。古希腊是科学的发源地，在自然科学方面有一定成果。古希腊的科学成果集中在数学和物理方面，这些成果力图了解自然现象，进而改造自然。由西方文化孕育出的西方体育则处处反映出了解自然和改造自然的功能性，最终出现了以物理量的变化为表现形式和以物理量为最终确定成果标准的西方体育，以及以解剖学、生理学为根据，以身体形态发展和生理功能提高为标志的竞技比赛。

从世界发展的动态来看，东西方的体育项目正在全球渗透，两种体育完全可以同时发展，在体育思想方面，东方的人文观和西方的科学观也正在融合，这种发展趋势对学校体育思想的完善起到重大的影响。

## 二、东西方体育思想的价值取向

### （一）礼仪价值取向

中国传统体育往往纳入社会礼仪的范畴，同西方的竞技观与游戏观均有很大的差别。在秦汉时期，曾流行过以技击为特点的双人竞技性搏击项目。秦汉以后，技击性项目向礼仪化发展，这表现为技击项目的艺术化。中国民间的娱乐性体育也有自身的特点，在和民间节日庆典相结合后，往往成了集体性的项目，例如，舞龙、舞狮、东北秧歌等。

竞争性和娱乐性是当代学校体育发展的营养源，开发、改造竞技性运动项目，发展娱乐性项目是学校体育发展的一个重要途径。

### （二）单一化价值取向

中国社会曾经出现过价值取向多元化的局面，例如春秋战国时期的百家争鸣。但是到了秦始皇统一中国以后，独尊儒家就成了一统国家的思想特色，价值取向的单一性成为中华一统的象征。西方的中世纪也片面强调过单一化价值取向，而文艺复兴时期的价值多元化成了西方进一步发展资本主义的重要条件。

一体化和多元化是世界文化发展的两大趋势，这两大趋势是互相关联、互相促进的。受其影响，现代学校体育的发展也必然是多样化的统一。一体化是指当代的世界由于科学技术的发展、通信媒介的发达，每一个国家均无法闭关锁国，都要和整个世界发生融合。多元化是指任何一个国家的学校体育，决不能采用单一化、机械化的模式，而应当建立多样化、灵活化的学校体育制度体系，在制度上，实行适应多种学制的、不同的学校体育模式；在课程上，实现正规和非正规相结合、统一和灵活相结合的多层次的结构；在内容上，实现基本内容和选择学习相结合的灵活体系；在体育课的结构，摆脱单凭技术形成规律而组建起的单一结构，实现根据学生需求与教材特点相适应的灵活结构；在教学方法上则实现百花齐放。

### 三、转变观念是改革的关键

中国社会正由传统向现代化变迁，在这过程中，学校体育也必然受到社会变革的冲击。

我们在学习西方先进的学校体育思想的同时，一定要结合中国的国情，决不能照抄照搬。我们确立的学校体育新思想必须能适应我国社会主义初级阶段的国情，又能适应世界发展的步伐，这也是我们改革的关键和难点所在。

# 第二节　学校体育教育对人才培养的作用

## 一、现代社会对人才的需求

### （一）健康概念的内涵

时至今日，人体健康的内涵已经明显扩大了，即从生物学观点扩展到心理学、社会学的范围。世界卫生组织认为，"健康不但意味着不生病，不虚弱，而且意味着身心及社会生活都处于完全健康的状态"[①]。

一个健康的人应当是：

1. 体质良好

它包括健壮的体格，良好的体能和较强的适应能力。具体说，人体的形态结构是良好的，生长发育是正常的，身体的整体指数与比例是合适的，身体姿势是端正的。

2. 体能全面

身体基本活动能力的走、跑、跳、投、攀、爬和身体素质的力量、速度、灵敏、耐力、柔韧得到全面发展，神经系统、呼吸系统、循环系统、消化系统、泌尿系统等的机能协调发展。

3. 心理健康

英国著名的教育家洛克有句至理名言："健康的心理寓于健全的身体。"[②] 身心一元论者认为身心是不可分的，道理本来也不复杂，一个体魄健壮但精神不正常的人，是谈不上健康的。健康的人，应该精力充沛，充满活力，朝气蓬勃，奋发向上，行动迅速，思维敏捷，观察敏锐，态度积极，兴趣广泛，心胸宽广，情绪良好。

---

① 董天恩. 运动与健康 [M]. 石家庄：河北人民出版社，1983.
② 林建棣，陈南生. 体育健身指南 [M]. 北京：军事科学出版社，1991：41.

### （二）现代社会对人才的要求

社会的变迁和发展，对人才的要求也随之发生变化。

现代社会对人才的要求可以归纳为健壮的体魄，高超的智能，良好的心理因素，良好的职业道德和协作精神。

**1. 健壮的体魄**

应体现为体质良好，体能全面，生长发育良好，有连续工作能力和较快的恢复能力，这些在上面已经论及。

**2. 高超的智能**

随着信息时代的到来，现代社会对人的智能要求发生了深刻的变化，除了应有扎实的基本知识和精深的专业知识之外，还要求有学习能力、创新能力、观测能力、动手能力。科学发展朝着分化和综合两个方面发展：一方面，专业越分越细；另一方面，协同攻关要求越来越强烈。在知识爆炸的时代，不学会学习，知识就难以更新，就会落伍。

**3. 良好的心理素质**

现代社会对人的心理素质提出了更高的要求，这是因为随着社会高速发展，人与人交往越来越需要加强协作。农业经济时代日出而作，日落而息，可以鸡犬之声相闻，老死不相往来。而现代社会科技的发展已经把地球变得越来越小，人们谁也离不开谁，除了要求精力充沛、奋发向上、思维敏捷、情绪良好外，还要有追求之志、好奇之心、探险之勇、求实之诚、专注之境，有百折不挠的精神，有经得起失败和挫折的心理承受力。

**4. 高尚的道德情操**

高尚的道德情操内涵十分丰富，而作为一个社会人，人生态度、社会公德、职业道德、具备协作精神是最基本和全世界共同认可的。其中尤以职业道德和协作精神最为重要，是人们取得成功必备的思想品质。

## 二、学校体育教育的历史责任

### （一）加强人与人的交流

时代的车轮滚滚向前，社会的发展风急浪高。放眼世界，知识经济时代悄然而至，社会个体化趋势已显露出来。面对知识经济时代的即将来临，我们的教育必须以创新教育来应答。科技是第一生产力，人必须知识化，知识化的核心是创新意识和创新能力。社会的发展归根到底是人的发展，广厦千间是为人能安居，良田万顷是为人能饱腹，丝绸多彩是为人能遮体。人在满足生理需求后，在精神、文化、社会等层面上的要求也在逐步提高。面对这些变化，人对自己身体发展的意识和要求也就越来越高。学校的社会中心地位也将越来越受到重视，而学校体育功能的作用将得到更充分发挥。

学校体育，不管是课堂教学还是课外活动，由于它的实践性、技能性，是需要协作才能完成的活动，它使人们在体验运动的愉快情感的同时，进行了感情的交流。在学校中进行智育培养，也主张互相帮助，互相学习，但作业得单独完成，听课也不要互相干扰，在体育活动中，则往往需要互相配合才能完成。在体育活动过程中，参加者往往要根据需要担任某运动体育角色，并按既定的体育规则和体育道德标准进行体育活动。这实际上就是社会活动的缩影。从社会学特征来看，体育还有其特别的地方，即有非常强烈的平等性。这是人类追求的境界，是人与人之间进行情感交流最平等、彻底的形式，在知识经济时代，它的作用将越来越受到人们的青睐。

### （二）培养协作精神

近年来，情商（EQ）之说十分红火。相对于智商（IQ）而提出的情商，是长期以来在人们认为一个事业成败系于智商，智商高则事业成功率高的基础上产生的。更多人又把智商与学历画等号，比如在不少社会调查材料中反映了不同学历层次的收入统计中，发现学习年限越长，个人收入越高。但是，人们在色彩斑斓的社会中看到，从普遍意义上讲，EQ越高，事业成功机会越大，反之，事业有成的人，也不全是智商最高的人，智商只在一定程度上是事业成功的基础。他还受到机遇、努力、环境、工作态度、协作精神等方面影响。

对持"智商决定一切"相反观点的，是一批学者（主要是心理学家们）提出情商的命题，在情商与智商的关系上，他们认为起决定作用的是情商而不是智商。有人甚至认为成功的方程式是：20%IQ+80%EQ=100% 成功。我们姑且不去探讨谁是谁非，可以肯定的是，理性素质和非理性素质，智力因素和非智力因素，都对事业的发展发生影响，不过前者（理性和智力）起基础性、关键性的作用，"艺高人胆大"就表明了这种关系。但情商的提出使一个人的成长的内涵更加丰满，内容更为丰富。即使是天才，也必然有其成长和施展才华的环境。而这个环境，主要是社会环境，这就有如何处理好人与人关系的问题。

一个人从入学到走上社会，在形成世界观、人生观、价值观的关键时期，都是在学校度过的。如何培养学生们充满爱心、与人为善、严于律己、宽以待人、勇于奉献、敢于负责、积极进取、敬业乐群的良好品德和协作精神，是社会、学校共同关心的问题。这就是春秋时代孟母三迁其居、当今家长为子女择校奔波的原因所在。学校体育是讲团队、讲协作、讲规则、讲平等的教育活动，它的独特作用是学校体育的特色所在，我们有理由相信学校体育能为造就敬业乐群的"四有"新人作出更大的贡献。

### （三）完善人的发展

体育的本质功能在于增进人的健康，完善人的发展，自从有了体育，再发展到自然体育、传习式体育、现代体育，大家都在理论上对体育的本质功能有了共识。

"体育"一词，始于法国教育家、思想家卢梭，他在 1562 年版的教育名著《爱弥尔》中，用体育这个词论述了对主人公爱弥尔的身体教育过程。卢梭的教育思想是自然主义的，他的天性至善及其"归于自然"的理论，体现在教育上，便是教育应脱出社会文化的禁锢而使人性发展。这种自然体育顺应学生的天性，以他们的兴趣为中心，讲究运动教育。自然主义体育在德国得到了发展和完善，19 世纪德国三位自然体育的代表人物是古兹姆茨、杨、施皮斯，他们被人们称为德国三个"体育之父"。而对学校体育影响最大的是施皮斯，故他又被称为"学校体育之父"。施皮斯思想和实践可概括为运动铸型教育，他的理论与实践的核心是把身体运动"要素化"和"铸型化"他把许多杂乱无章的运动归纳起来，按身体的整体形态、身体的局部形态、有支撑面的身体部位状态和无支撑面的身体部位状态，把动作分成支撑、悬垂、躺卧等三个方面。对动作规定十分细致精确，如走步规定一步长为三足长，步行速度为标准 80 步每分钟。对其他动作的速度、速率、角度、幅度、方向、路线都有明确规定，这就是施皮斯的体育"要素化"。施皮斯搞运动铸型的出发点，主要是"铸造"人的身体，这是十分明确的。他十分注重身体的姿态和形态，重视身体运动的表现行为，他为近代学校体育作出杰出的贡献。但他在主观上通过身体运动铸造人体，实际上是以运动教育为中心的体育观，陷进了纯生物观的泥坑。毛泽东在《体育之研究》这篇著名文章中指出，体育之效在于"强筋骨""增知识""调感情""强意志"，并指出"动以营生也，此浅言之也；动以卫国也，此大言之也。皆非本义。动也者，盖养乎吾生乐乎吾心而已"。这里不难看出，体育在乎完善人体，身心得以协调发展。这种对体育功效的论述，对于纯生物观点的批判是入木三分的。

### （四）方法贵少，受益终身

现代学校体育的最大问题之一是多数学生离开学校后，与学校体育教学的内容相揖别。很多传授的运动技术、方法，在一个人的体育生涯中仅是匆匆过客，现在，大家在努力探索终身体育，这是对传统学校体育思想和方法的反思，意义是巨大的。

我们在教学思想上要改变强制性为自主性，从强调学校学习期间的效益（阶段效益）跃升为追求长远效益和阶段效益相结合，从强调主导作用转化为以强调主体作用为主，方法内容上则以实用有效，按身体锻炼为主线而非按运动的内在联系为主线，不仅教运动技术，而且教锻炼方法，即"授之以道"的做法，这样，终身体育的目标指日可待。

### （五）培养兴趣，养成终身爱好

从行为科学角度来看，兴趣是人积极探究某种事物或进行某种活动的倾向。

这种倾向带有强烈的目的性。人的行为都是有诱因的，任何行为是有目的的。大家知道，人的兴趣是在社会实践中发生、发展起来的，同学们有的是好奇。这种后天形成的倾向是可以培养的。而兴趣是多种多样的：有事物或行动本身引起的直接兴趣，也有事物或行动的目的和任务引起的间接兴趣，有产生于活动过程而在活动结束后即消失的短暂兴趣，也有成为个人心理特征的稳定兴趣。

体育作为一种人类特有的社会活动形式，它是一种有趣的、有益、有效的活动，一般来说，上述几种形式的兴趣在体育中都有呈现，也就是体育过程给人的欢愉的体验是强烈的，多数活动内容是能使人感兴趣的。从人兴趣形成的过程来看，只有对内容、对过程有了兴趣，才能形成稳定的心理状态，从这个角度来看，变被动体育为主动体育，变学校体育为终身体育，兴趣的培养是开启这把锁的金钥匙。

但凡一个人对某项活动有了兴趣，且形成了相对稳定的心理倾向，他就能充分调动主观能动性。创造性地、执着地去追求，这对习惯的形成是至关重要的。但实践过程却有千难万阻，而习惯是排除困难的有力保障。

## 第三节　学校体育教育思想的发展

体育运动在世界范围内的普遍发展，其实质是体育观的变革。这种变革，对体育，特别是学校体育的影响极其深远，影响着体育各方面的理论与实践环节，影响着体育的未来走向。

### 一、两种不同体育观的形成和发展

现代体育运动发展的历程中，一直有两种不同的体育观，即体育的手段论和体育的目的论。

手段论价值观认为，运动的目的在运动的本身以外，应把运动作为一种手段，来实现运动以外的社会目标。

目的论价值观认为，运动的目的在运动的自身，所谓运动自身是指把目的定位于运动自身和作为运动主体的人的自身。因此强调人在参与运动的过程中达到自身满足的目的。

手段论价值观和目的论价值观均不否认通过体育运动为手段，可以达到体育的直接目的和间接目的的客观事实，它们所不同的是价值取向重点不同。

从学校体育产生的初始，手段论价值观就占了主导地位。例如，西方 19 世纪的"德国体操"和"捷克体操"，均把体操作为手段来培养某一特定时期所需要的人才，并根据社会或国家利益的需要设计体育的内容构成与方法体系，进而形成了以体操为主要内容，以集体操练为主要形式的学校体育课程。手段论体育观往往是一种制度的要求来制定体育的目的和手段，它重视的是实现根据国家利益确定的社会目标，但对运动者个体的满足和需求则是完全忽视的。

当欧洲大陆在 19 世纪采用体操作为学校体育的主要内容之时，英国人则提倡游戏和娱乐。英国人率先形成的体育观念和欧洲大陆是有着明显区别的，虽然没有系统理论和有计划地去实施他们的游戏和娱乐，但是这些体育内容却在民间和村落得到了广泛的发展。事实证明，这些游戏和娱乐是极有生命力的，特别是当这些娱乐和游戏进一步发展成为竞技体育之时，就对整个世界的学校体育产生了巨大影响。

目的论体育观是把运动自身和从事体育的人的自身满足作为价值取向，因此把人有选择地参与运动并达到身体和心理的满足作为目标。19 世纪英国的户外运动正是能体现目的论价值观的重要项目。欧洲很多思想家极力推崇英国的户外运动与游戏，例如，法国思想家、教育家卢梭指出："游戏是一种置身其中的、自由的、有乐趣的、欢快的活动。"[①] 但是，人类社会在变化，由游戏进一步发展成的竞技体育已在全世界得到广泛的开展，并成了学校体育的重要内容。能否说以体操为主要内容就是手段论体育，而以现代竞技运动项目作为主要内容就是目的论体育呢？或者说，由于社会的发展，当今手段论体育观已经没有市场了呢？不！绝不是这样，直至今天，两种观念仍然存在。但在新的社会条件下，其形式和特点均发生了重大的变化。

---

① 胡小明.体育休闲论 [M].成都：四川科学技术出版社，2008.

## 二、当代两种体育观的区别

体育观的演变和体育课程理论的演变两者是密切相关的，同时也是同步进行的。当今，体育课程理论由学科中心向人本主义方向的发展，也使两种体育观的含义发生了根本的变化。

第一，价值取向的重点不同。

手段论价值观的取向主要是作为手段的运动项目上，或是把重点放在掌握规定的统一要求的技术上。目的论价值观的取向主要是满足学生的需要，实现身心素质的全面发展。这种价值取向并不排除手段的重要性，而是根据学生的需要，重新设计和构建体育的手段体系，使手段和目的能在实现学生个体发展的前提下统一起来。

第二，行为主体的地位不同。

运动项目也好，体育大纲也好，均是体育的物化条件，是体育行为者的客体。认为贯彻大纲、改进教法就能提高教学质量的观点就是忽视教学行为主体的片面观点。教学行为的主体是教师，教师应当有执行大纲的灵活性，学生应当有选择教学内容的自主性，一切教学活动均围绕着满足学生的需求，促进学生全面素质的提高来进行设计，这就提高了教师和学生的主体地位，而不是把教师和学生置于大纲和教材的从属地位，这就是目的论体育观的实质所在。

第三，个体发展的内容不同。

手段论体育观或重视技能，或重视体育的合理负荷。它们的学科基础均属自然科学范畴内的生物力学和生理学，共同的特点是忽视了体育这门学科的人文精神。学生在体育课中的积极态度，欢快情绪，自我学习及交往能力的提高和掌握技术、提高体力是完全不同的领域，他们有着各种不同的形成机制，而手段论体育观忽视的正是目的论体育观重视的内容。因此，可以说目的论体育观在对学生个体发展的内容方面，更为完善，更为深刻。

第四，体育内容的结构不同。

手段论体育观强调体育内容自身的分类和体系，一般均是庞杂的体系，要求每一个学生均要学习，这既不能反映学生个性发展的要求，也因为内容太多，无法使学生真正消化，从而影响了学习的效果。

目的论体育观建立的体育内容分类体系是以学生学习需求来进行分类的，教师可以从内容体系中进行针对性的选择。例如，当前的西方各国，均提出了若干种课程模式，供教师和学生从中选择，在每一种模式中，均包含了选学内容，适应了学生个体发展的要求。日本虽然有全国统一的教学大纲，但在教学内容的分类方面，实践科目的内容除体操以外，均规定为选择必修。所谓选择必修是在规定的范围内，允许教师或学生从中选择学习，这种必修、选择必修的分类体系充分满足了学生的发展需求。

体育的内容非常广泛，按其自身的特征进行分类，就包含了众多的内容，要求学生样样学，实际上难以学精、学会，结果由于每一种教学内容的学习时长有限，一样也没学好。体育教学内容应当是多一些好还是少一些好，这是历来讨论的一个课题。实际从总体来说，学校体育的内容应当多一些，但具体落实到学生应当少一些，这就是教学内容多和少的辩证统一。这种统一的条件采用灵活性的教学大纲，允许学生从众多的内容中进行选择。把教学内容分为必修、选择必修、选修三种类型，就是按满足学生的需求来进行分类的，这就是目的论体育观在教育实践中的体现。

第五，课程实施的途径不同

手段论体育观强调正规化的学习课程，强调规范的课堂结构，这种正规化和规范化学习的最终目标的重点是提高知识和技能。而目的论体育观是在掌握知识技能的前提下，重视情绪、态度、理想、意志和价值观的培育，此外，着眼于人的多方面的能力培养。目的论体育观反对机械的模式化课程教学，主张快乐教学，在此基础上提出了校内活动课程、社会实验课程、自我觉醒和自我发展的课程等广泛的课程实施途径。当然，比起正规课程来说，后面三种均是非正规的课程，它一般以课外运动小组、运动俱乐部、社会体育团体、家庭和社区体育等多种形式出现，但是这些非正规的课程在完善学生身心发展、培养独立完善的人格、发展个性和能力方面都有着正规课程所不及的特殊功能。

# 第七章　体育教育在学校教育中的作用

# 第一节　体育在学校教育中的重要性

体育以促进人身心全面发展为基础，是提高人的素质、增强人的体质、培养人各方面能力的重要教育途径之一。1999 年 6 月的全国教育工作会议强调："健康的体魄是青少年为祖国和人民服务的前提，是中华民族旺盛生命力的体现，学校教育要树立健康第一的指导思想，切实加强体育工作，使学生掌握基本的运动技能，养成坚持锻炼身体的良好习惯。培养学生的竞争意识，合作精神和坚强毅力。"[①] 体育是学校教育的重要组成部分，它担负着培养青少年全面发展的重要使命，充分认识体育在学校教育中的积极作用，利用和发挥体育学科的优势，对增强学校教育的作用，促进素质教育的发展具有重要的意义。

当前学校全面推行素质教育，素质教育是以面向全体学生，全面提高学生基本素质为根本宗旨的教育。素质教育的内容主要有：一是身心素质，二是科学文化素质，三是思想道德素质。身心素质是其他素质的生理学前提，是其他素质的载体和重要的物质基础。体育是促进学生身体、心理、社会适应能力，获得体育与健康知识和技能为基本手段的实践性教育，这是其他学科不可代替的。在当今社会中，对人才的要求很高，优秀人才必须具有强壮健康的身体素质、良好的心理、极强的社会适应能力以及坚强的意志和毅力。而体育教学正是培养这些高素质人才的重要手段之一。

## 一、体育能增强学生体质和培养意志毅力

体育是增强学生体质、提高学生身体素质的重要手段。学校教育根据不同的年龄、年级、性别的学生的生理、心理的特点，有计划、有组织、有目的地对学生进行体育教学和课外体育活动，促进学生身体的正常生长发育，使学生的身体形态、生理机能、身体素质、身体基本活动能力和心理素质等方面得到全面发展和锻炼，从而增强学生对自然环境的适应能力和对疾病的抵抗能力，为学生日后

---

① 陈伟霖，林建华 . 普通高等学校体育教程 理论部分 [M]. 厦门：厦门大学出版社，2001：44.

适应社会竞争打下良好的基础。例如有一名学生，学习成绩优秀但体质很差，有胃病，根据她的身体特点，教师制订出训练计划，让她有针对性地进行锻炼，她经过一年的体育锻炼，身体强壮了，发病率也减少了。又如，在长跑运动中，学生出现"极点"时，只要学生在心理上要求自己"再坚持一下"，那么生理上的难关就挺过去了，这项运动就锻炼了学生的意志力。通过体育教学和课外体育活动，不仅锻炼了学生的身体，为学生终身体育打下良好的基础，也使学生养成了良好的性格品质。

## 二、体育能促进学生智力的发展

健康的体质是智力发展的物质基础，智力的发展是建立在大脑这个物质基础上的。大脑发展的主要物质基础之一是氧。体育运动能促进学生心肺功能等方面的发展，心肺机能发展了，就能大大改善大脑的血液循环和氧的供应。这就是体育对学生智力发展起到的重要作用。

大脑的发展除了必要的营养外，关键还在于提供足够的信息刺激。体育是一种特殊的教育活动，它必须让学生参与活动，并且通过观察、想象、思维、练习来完成，体育活动的过程给予大脑一种开发性的刺激，使大脑在体育活动过程中得到锻炼和发展，为学生的智力发展提供了条件。同时，由于体育活动的各种动作，多是在短时间或瞬间来完成的，并要求准确、轻松、优美，这也对大脑产生了强烈的刺激，有利于提高大脑的强度、灵活性、均衡性及分析了综合、判断等各方面的能力。

## 三、体育对学生德育有促进作用

体育活动大多是在室外进行的，体育运动的特殊性，为学生自由活动提供了更多的机会，从而增强了学生与学生之间、学生与教师之间直接交往的时间。体育还要求学生必须有更强的组织纪律性和自觉性，这为教师对学生进行德育创造了许多有利的时机。在拔河比赛中，参赛的每一位学生都要团结一致，共同拼搏，这就培养了学生团结合作的精神。教师还能借助比赛的机会，对学生进行德育教育，从而培养优良的班风，增强学生的集体主义观念。又如身体练习中教师提出具体的保护帮助措施，学生之间互相帮助、保护，从而培养学生团结友爱、认真负责的精神。在组织学生长跑时，能够锻炼学生吃苦耐劳的精神，培养学生坚强的意志品德。在学生取得好成绩时，及时表扬和鼓励，使他们树立自信心。当学生遇到困难或失败时，应给予学生更多的关心和帮助，使学生感到教师的热心和温暖，从而培养师生之间的感情；在交还体育器材时，教师还可以教育学生尊重他人劳动，爱护公物等。除了体育教学过程中可以对学生进行德育教育外，结合教材的特点也同样可以对学生进行德育。如在短跑起跑前讲明起跑在思想品德上的要求——实事求是，在规则上要求必须听到枪声后才可起跑，绝不能猜测或存在侥幸心理而采取投机取巧的行动——"抢跑"，要培养学生良好习惯和实事求是的品德。

体育是学校教育的基础，是学校教育不可缺少的组成部分。充分认识体育在学校教育特别是素质教育中的作用，充分利用体育的优势与特殊的功能更新观念，把体育与德育、智育有机结合起来，充分发挥体育在育体、育心、育智、育德中的作用，促进学校教育的进步，推动素质教育走向更高一层，培养学生德、智、体、美、劳的全面发展，为现代化建设培养高素质的人才。

## 第二节　体育教育创新教学的探索

实施素质教育，深化课堂教学改革，精心设计课堂教学形式，运用科学的教学方法和教学手段，改变传统的教学观念和思维方式，挖掘教学潜能，培养学生的创造思维和创造能力，促进学生的智力、技能和技术的全面发展，提高课堂教学质量，是目前小学体育教学落实素质教育的重要课题。为适应新时期体育教学的发展要求，在教学中，作者努力探索和实践课堂创新教学，突出以精心务实设计为主线，着重进行了下面的尝试和探索：

## 一、创新教学的分组形式

学生好奇心强，对体育课具有浓厚兴趣，在教学中应该保护好这种好奇心和积极性，这是培养创新人才的基础。所以，在教学中可以从改变教学的分组形式入手，通过学习小组形式的重新组合，来满足学生好奇的心理需求和学习的实际需要，以提高学生学习的主动性和学习的兴趣，具体的方法有：

### （一）自由组合的分组形式

其目的是让兴趣一致、关系良好的学生结合在一起，营造一种愉快、和谐、团结互助的课堂气氛，增强小组的凝聚力和奋斗目标，从而有利于学习和体育竞赛的顺利进行。

### （二）互帮互学的分组形式

在教学中，教师根据学生身体素质优劣情况和对体育动作、技能掌握的程度，调节各小组人员的组合，使各小组适当安排一部分好的学生和稍差的学生。在学习中通过组员间的互帮互学来提高学习质量，以达到共同提高的目的。如在跳绳的练习中，组员之间互相帮助，好的学生在技术上对差的学生进行指导，充当小老师，让差的学生学有榜样、学有目标，提高他们的体育成绩。

### （三）分层次教学的分组形式

教学中根据学生的身体素质和运动能力的不同，将学生分为不同层次的小组。结合因材施教和从实际出发的教学原则，对不同层次的学生提出相应的学习目标，实行因材施教。这样有利于调动各层次学生学习的积极性和主动性，使每个层次的学生都在各自的基础上"学有所得、学有所成"。

## 二、尝试情景创设的课堂教学模式

学生具有很强的模仿能力，他们想象力丰富，形象思维占主导地位。在教学中应遵循儿童认知和情感变化的规律，进行生动活泼和富有教育意义的教学，以迎合学生的心理需求和学习的需要。因此，要精心设计课堂教学内容，科学地运用教学方法及教学手段，使课堂教学成为学生学习的乐园。

如在游戏练习中，将"障碍接力"改变为"小八路送情报"这一情景游戏，将游戏内容故事化，将游戏过程的各个障碍改为绕过"敌人的岗哨"，跳过"小河"，爬过"山坡"，最后奔跑到"目的地"等，这使学生置身于故事情景之中，身临其境的练习让他们兴致高涨、乐趣无穷，既学会了动作，又培养了克服困难的精神。

又如在立定跳远的教学中，让学生模仿"兔跳"和"蛙跳"的动作进行练习，这迎合了学生的心理爱好，使学生在欢快的气氛中完成练习，在乐趣中掌握运动技能和锻炼身体，并最终养成终身参加体育锻炼的志向和习惯，达到培养兴趣、培养能力和开拓创造力的目的。

### 三、培养实践能力和创新精神

在体育课教学中，充分发挥学生的主体作用、培养和提高学生实践能力和创新精神的最有效途径是在练习中教师放手让学生尝试自编游戏内容。比如在游戏中，给每一小组一个小胶球，画出一定的活动范围，要求每组的学生以小胶球为中心，创编或组编出大家喜欢的体育游戏。游戏前，教师鼓励学生积极创新，不要照搬已学过的游戏，组与组之间最好不要雷同，想方设法创编出具有新意、有利于锻炼身体、能够培养体育兴趣、具有开拓精神等的游戏活动。最终，大家经过思考、讨论和选择，创编了"投球得分""双腿夹球比快""叫号接球""击中目标""打活动目标"等游戏项目。在这个活动中，教师发挥"导演"的角色，充分让学生自行活动，培养学生自我组织和自我管理的能力。教师还要对活动形式新颖与创新意识强的小组给予肯定和表扬，对个别有困难或游戏活动缺乏新意的小组进行点拨、启发和帮助。这样有效地发挥了学生自主练习的积极性，激发了学生学习的热情，培养了学生的创造性思维能力，提高了学生实践水平和经验。

### 四、全面提高教学质量

为了全面实施素质教育，进行课堂教学创新改革。在教学中，作者尝试了分层次教学的实践，其目的就是更好地因材施教。在实践中，先按学生水平的差异分好层次，再因人而异地制定学习目标，对不同层次的学生提出各自不同的要求和教学方法，有效地解决课堂上学生"吃不饱"和"吃不了"的现象，充分发挥和挖掘了学生的个性潜能，促进不同层次的学生都得到最优的发展，进而达到全面提高学生的身体素质，更好地提高教学效的目的。

如在"跨越式跳高"的教学中，将学生按身体素质和运动能力的高低分为男女各四个小组，A组（水平高的学生）、B组（水平较高的学生）、C组（水平正常的学生）、D组（水平相对较低的学生）。练习中，"横杆"的高度根据各小组学生层次的不同而调节。A组用优秀的成绩严格要求，调高高度，提出更高要求；B组高度适当，改进动作，争取优秀；C组高度一般，巩固动作；D组降低要求，树立信心，达到基本掌握动作。这样，各层次的学生都能达到各自的要求，获得成功的喜悦，最大限度地激发了学生学习的积极性，培养了对体育学习的兴趣，增强了学习的自信心。另外，在教学中引入竞争机制，鼓励积极，表扬先进。对弹跳能力和动作技术有提高的学生，一定时间内适当调整层次，激励学生你追我赶、不甘落后、力争上游等的体育精神面貌，进而促进学生身体素质和思想品质的提高。

## 五、全面准确评价学生的学习情况

在全面推进素质教育的进程中，改革教学评价是目前教学改革的重要任务。体育课也不在例外，实行等级制评价，目的是使学生学习分数的精确度变得模糊，淡化分数对学生产生的负面影响，消除分数给学生带来的学习压力，进而全面地评价学生的学习情况，从而提高课堂教学质量、激发学生学习的兴趣。

在教学设计时，我们围绕体育的各种基本知识、技术和技能等，细化了评价项目，确定了从体育常识、运动素质、技能技巧、出勤表现、身体素质等项目对学生进行评价。将百分制改用A（优秀，90～100分）、B（良好，75～89分）、C（中等，60～75分）和D（尚须努力，60分以下）四个档次。实践中，各项目的评价只对学生公布等级的档次，而不直接公布具体分数。这样，可以减少分数的负面影响，有效地提高学生学习的积极性和主动性，帮助学生找回自信心和自尊心，达到全面、中肯地评价学生的体育学习，促进学生身心健康成长。

# 第三节　体育课堂教学最优化

课堂教学改革作为教改重点，对我们体育教师提出了更高的标准与要求。在高中体育教学中应充分发挥学生的主体作用，让学生尽可能地表现出自主性、能动性和创造性，具有自主学习的动机和自主学习的能力。当前，我们学校废除了旧的"注入式"等教学模式，倡导以学生为主体，教师为主导的导学式教学。课堂讲求师生互动效应，即充分调动学生的积极性，让学生在模仿等"自由"练习、教师适时"点拨"中，努力提高创新意识，把思维活动调动到最佳状态，培养学生分析问题与解决问题的综合能力。

在课堂教学中，教师必须运用多种方法进行组织教学，力求新颖有趣，给学生耳目一新之感。根据中学生生理和心理特点，灵活运用游戏法、竞赛法、对比法、示范法、挫折法等教学方法，使学生置身于一种活跃的课堂气氛中，让他们充分得到精神上的享受。如枯燥无味的耐久跑，可打破传统的练习法，采用越野踏青、足球运球盘带、冬季象征性长跑等手段发展学生耐力，这既调动了学生的练习兴趣，又为实现体育与健康的课程目标和价值提供了保证。

## 一、课外活动系统化

体育课是必修课，但是仅靠体育课对高中学生身体锻炼的需要是不够的，应将体育课、早操、课间操、课外体育活动、课余训练和运动竞赛密切结合起来，并根据需要和可能让学生学会制定运动处方、自我锻炼、自我调控、自我评价，积极参加多种多样的体育锻炼以达到预期的锻炼效果。

我们以体育课堂教学为中心，成立了足球、篮球、排球、武术、田径等多个选修兴趣小组，并建立了课外活动的指挥体系，各班为各小组配备兼职或专职的辅导教师，按学生不同特点以讲座、社团、兴趣小组等形式开展活动。

## 二、课程评价多元化

在制订教学计划时，要充分注意学生在身体条件、兴趣爱好和运动技能方面的个体差异，并根据这种差异性确定学习目标和评价方法，同时，在此基础上提出相应的教学建议，从而保证绝大多数学生能完成课程目标。

每学期开学第一节课，要求每位同学根据自己的体能等各个方面因素制订出适合自己的学习目标与计划，明确在本学期自己的运动技能和水平达到什么样的水准；学期结束，采用个人、集体和老师三者相结合的方法，从体能、知识与技能、学习态度、情意表现与合作精神几个方面进行合理评价，通过自我评定、小组内互相评定、教师评定几个方面得出学期综合成绩，使每个学生都能体验到学习和成功的乐趣，以满足自我发展的需要。

教师教学评价是课程评价的重要内容。我们从教与学入手，既要看教师在传授知识、促进学生智力发展上做的努力，又要看是否有利于学生形成良好的品格结构。在每学期进行若干次即时性评价，结合教师授课质量评价指标体系，采用教师自我评价、学生评价、同行评价、专家评价等，促进教育教学工作不断改进。

## 三、教学手段现代化

多媒体的运用，不仅能激发学生学习的兴趣，而且有利于学生自选学习内容、自定学习进度、自我评定、自我分析，例如，利用雨天室内课、课间等业余时间，通过录放范例、重播或慢放教材重难点等，让学生了解自己的水平，使学习程度不同的学生能在学习的速度、难度上根据自己的情况加以控制，从而激发他们的学习热情，促进他们的智力活动方式由低级向高级发展。

学校通过"四化"的实施，使学生的练习激情普遍得到提高，教学体系逐步由封闭走向开放，从而使体育教学呈现出勃勃的生机。

# 第四节　学校体育教育与素质教育

《中国教育改革和发展纲要》指出："中小学要由'应试教育'转向提高国民素质的轨道，面向全体学生，全面提高学生的思想道德、文化科学、劳动技能和身体心理素质，促进学生生动活泼地发展。"全面实施素质教育，是国家为培养适应未来社会发展需要的跨世纪人才而提出的极具远见的战略性决策。作为学校教育的重要组成部分，学校体育教育在实现素质教育中能够发挥积极的作用。

## 一、促进学生智力的发展

体育运动能促进大脑的发育，改善机能，为人们从事智力活动打下良好的物质基础。体育运动可以促进人们观察力、记忆力、想象力和思维能力等智力因素的发展。体育运动具有不同形式的对抗性，不论是个人项目还是集体项目，因其有不确定性特点，可以把表现为肢体对抗的外在形式引申为内在人脑间的智慧较量。例如在体育教学中，通过观察法、对比法和示范法的运用，能有效地发展学生的观察能力；通过技术动作的练习，有利于促进学生记忆力、想象力的发展；通过教学比赛和各种体育游戏，可以潜移默化地发展学生思维的灵敏性与应变能力。

## 二、增强学生的体质

学校体育对增强学生体质的作用是不言而喻的。随着我国社会两个文明程度的迅速提高，更好地贯彻《国家全民健身计划纲要》，落实"一二一"工程，学校体育还需引进终身体育教育的思想，运用终身体育教育理论和方法，激发每个学生的体育兴趣，以培养学生终身体育意识、习惯和能力。使学生走向社会后，不仅有一个强健的体魄，而且具有一定的体育素养，以适应现代生产方式和生活方式，提高生活质量，使学校体育的功能最大限度地向全社会延伸。

### 三、培养学生的竞争意识和进取精神

学校体育以其丰富多彩的内容和形式，为培养学生的竞争意识和进取精神创造了良好的条件。竞赛是体育运动的突出特点，作为运动者都有尽快实现追求目标的心理动机，即求胜心切。为此，他们有必要不断开发和发展新的运动技术与方式。这种创造性的心理动机与行为，能使他们逐渐形成准备和乐意接受未来社会的各种新事物的心理倾向。因此，学校通过开展各种不同形式的体育竞赛能较好地动员学生全身心地投入到竞赛或练习中去，有利于培养学生的竞赛意识和进取精神。

### 四、锻炼学生顽强的意志品质

由于任何一种体育运动的成效都是人们在长期磨炼的过程中获得的。良好的意志品质是人们所必须具备的素质，意志努力总是和克服困难的行为相联系。它一方面在克服困难中得到体现，另一方面也在克服困难中得到锻炼。在体育教学、训练和竞赛中，学生必须付出自己的最大努力去克服一个又一个生理上和心理上的困难或障碍，并且每前进一步往往都要付出极大的意志努力，胜利也常常取决于"再坚持一下的努力之中"。所以，长期、系统的体育教育，能有效地锻炼学生顽强的意志品质。

### 五、陶冶学生的情操

在体育教学、课外锻炼和各种体育竞赛中，学生都将获得各种强烈的情感体验，而这种情感体验，具有鲜明、强烈、丰富、多样、易变等特点，对陶冶学生的情操具有特殊的作用。例如在教学中，教师经常采用相互观察、相互保护、相互帮助的教学方法，学生在这种教法指导下，在从事各种身体练习中，能够培养自己的责任感、相互信任、相互帮助、团结协作与助人为乐的精神。

### 六、培养学生健康的审美观念与审美能力

学生不但要形态美，还要心灵美。体育是实施美育的重要手段之一，在多姿

多彩的学校体育中，教师各种教法手段的运用，各种队列练习与技术练习，各种体育竞赛与表演，以至体育场地器材的布置等，都可以使学生受到外在美和内在美的熏陶，并获得丰富的、多种多样的美的情感体验，从而培养学生健康的审美观念和热爱美的情感，提高学生鉴赏美、创造美和表演美的能力，从而使学生更加自尊、自爱、自信、自强。

实施素质教育，对学校体育工作和体育教师提出了更高的要求。为了更好地发挥学校体育在素质教育中的作用，体育教师必须努力提高自己的政治思想水平与业务素质，善于吸收先进的教育思想和教育方法，结合实际，把学校体育改革推向深入，全面提高学生的体质。

## 七、创设和谐的课堂氛围

大家都知道，上好一堂体育课必须要有严明的纪律，严格的要求，又要充分调动学生的积极性，激发学生的学习兴趣，使学生感到轻松愉快，从而能自觉地、全心地去锻炼身体。体育教学的双边活动，如果能在一种和谐的气氛中进行，体育课就会收到较好的效果。

什么是和谐的气氛呢？概而言之就是教师上课时态度和蔼，讲解具体生动，示范优美正确，学生能在积极愉快，严肃活泼的气氛中学习锻炼。众所周知，体育课主要是从事各种身体练习，身体练习属于运动条件反射，它是在大脑皮层支配下而进行的一种有目的、有意义的随意运动。和谐的气氛能够在学生的大脑皮层建立起适中的兴奋状态，便于接受新知识、掌握新动作，并能在此基础上进行创造性的学习锻炼。相反，课堂气氛沉闷，师生之间存有隔阂，学生的心理状态就会出现不均衡，大脑皮层的兴奋性就会降低，甚至会处于抑制状态。因此主动肌与对抗肌的协作也会受到影响，从而引起动作失调。

要创造一个良好的课堂气氛，首先，必须建立好融洽的师生关系。教育心理学的研究表明："师生间无时不在进行着微妙的情感交流，学生的情感自始至终都伴随着教学的各个阶段。"[1] 因而教师在教学过程中的每一个细节、表情或一个眼

---

[1]　颜鸿填. 论高等职业技术学校体育教学如何贯穿素质教育 [J]. 科技资讯，2006（5）：138-139.

神、一句话都直接影响和谐的气氛。如学生畏惧新动作或练习动作失败时，教师要用亲切的语言，信任的目光，反复的示范帮助他们找出症结所在，增强他们完成的动作的信心。反之，教师如果有意或无意地流露出急躁、不满的情绪或严加指责，学生就会加重原有的心理负担，降低兴奋性，就更难完成动作了。其次，教师要理解学生的自尊心理，循循善诱，少批评，多表扬，这点对于身体素质较差、胆子小的学生尤为重要。当他们完成动作稍有进步要及时给予肯定，哪怕是点点头，学生在精神上也会感到满足，进而提高他们上体育课的积极性，增强学习的信心。再次，需要批评的要通过采用动作、表情、提醒的方式，使学生能够容易接受和理解。如做徒手操时，某同学做操时动作不到位或者不认真，这时教师可以通过表情、动作结合的方法，对该生微笑地点点头，（示意他或她）再做一下要改正的动作，学生心领神会，此时无声胜有声，也能收到立竿见影的效果。又如在教学内容分组练习中，常会遇到个别调皮的学生对练习动作不协调的同学出言不逊或讥笑，此时教师应采用严肃的表情和提醒的方式，对该生瞪一下眼，接着说："注意团结，敬重同学。"事后，被批评者会感到惭愧而低下头，虚心接受批评，被讥笑的那个同学会感动，这样他就会大胆积极地去练习。这样既促进了同学间的谅解和团结，又提高了体育基础较差的学生的练习积极性，一举两得。

和谐的气氛并不意味着不要上课的严肃性，二者是统一的，有着密切的联系。高度的组织纪律性是组织教学的前提，而和谐的气氛则是更好地完成教学任务的重要因素。所以，教师要努力创造和谐的气氛，让学生在心情舒畅中上好体育课。

## 八、加强纪律与课堂管理

教师在教学管理中的主要任务是积极协调教学过程中的各种矛盾，对教学活动实行有效的控制，充分调动学生学习的积极性和自觉性，以培养有理想、有道德、有文化、有纪律的一代新人。

纪律与课堂管理是体育教师为了维持正常的教学活动开展，鼓励学生积极配合教师参与体育学习活动，阻止和处理违纪行为的手段与行为。其目的在于为学生专心致志学习，积极主动参加学习锻炼活动创造良好的条件。

### （一）体育课中学生违纪的表现形式

在体育课教学进行过程中，有时学生会出现一些违反纪律的现象，这些行为可分为两种形式：第一，做一些明文禁止的事情，如在教师讲解示范时，有些学生不听不看，谈论与学习内容无关的事情；有些学生的注意力不集中，两眼出神地观望其他的事情；穿皮鞋、牛仔裤上体育课；教师吹哨要求停止练习而学生我行我素等。第二，不完成教师所规定的任务或练习，如进行投掷教学练习时要求学生完成推铅球练习时将铅球放在锁骨窝处，学生未执行；在跑动练习时，要求学生跑 50 米，学生仅跑 30 米；在力量练习时，要求学生完成多少组次，学生也没执行等。

以上两种违纪现象从性质上可以分成中性行为与消极行为。中性行为是既不进行也不干扰体育教学的行为；消极行为是直接干扰体育教学的行为，如故意干扰教师的指导或其他学生的练习。

### （二）学生中出现违纪现象的主要原因

第一，安排的教学内容学生不感兴趣。

第二，教师的讲解声音偏低，不清晰，学生听不懂；教师的示范不规范，不成功；教师教学不负责，情绪低落，处理问题不当，不公正。

第三，教学的场地不平整，风沙大，场地器材布局不合理；学生练习互相干扰；受外界环境的干扰。

第四，学生学习目的不明确，动机不端正；对学校或教师有成见、偏见；好表现与炫耀自己；害怕参加各种体育活动，怕脏，怕累；学生之间存在矛盾等。

### （三）加强纪律与课堂管理的要求

#### 1.建立和一贯执行必要的体育课堂教学常规

为了使学生能较好地配合体育教师参与体育学习活动，在教学之初，教师就要向学生明确宣布要求学生做的和不允许做的行为要求。为了维持良好的课堂教学秩序，体育教师要防患于未然，尤其是刚刚开始上课的时候，一定要狠抓常规的执行，待学生逐渐适应并形成习惯后，再让学生具有更多的灵活性。

2. 注意认真观察与分析学生的行为

体育课中师生的空间活动范围都比较大，要维持良好的课堂纪律，教师必须及时全面了解教学过程中全体学生的情况，关注他们参与体育学习活动，完成学习任务的情况。当学生出现违纪行为时，要作出正确的分析与判断，才能采取相应的、合适的措施。

3. 及时妥善地处理违纪行为

当学生在学习过程中出现违纪行为时，教师必须迅速作出反应并及时处理。一般来讲，如果一个学生只是消极地完成学习任务，教师不必立即公开处理，可采用沉默、皱眉、走近等方法处理。如果一个学生的违纪行为已明显干扰整个教学过程，教师必须立即处理，并按情况采取提示、暗示、制止等方法。如果学生为了吸引教师的注意而出现违纪行为时，教师可以用不予理睬来处理。总之，在处理违纪行为时，尽量不要中断教学的正常进行，尤其是不要频繁地中断教学来处理违纪行为。

4. 正确运用奖励与惩罚

奖励与惩罚是维持纪律，进行课堂管理的重要手段。奖励积极性的行为是维持纪律的课堂管理的最有效方法之一。俗话说："罚其十，不如奖其一。"[1]当学生的积极性行为得到奖励后，这种行为将得到巩固与强化。体育课中的奖励方式通常是非物质性的，如口头赞扬"你终于成功了""真不简单""大家看，某某同学做得真好"，或给一个满意的、赞许的目光和微笑。为了维持纪律，一定的惩罚是必要的。惩罚是体育教师有意识地使学生经受不愉快的体验，以影响或改变学生行为的一种手段。惩罚的目的是制止或阻止违纪行为的产生和重现。

5. 严密课的组织，提高练习密度

体育课中学生的违纪行为大多出现在学生互相干扰或等待练习时间过长的时候。因此体育教师要注意严密课的组织，充分利用现有的场地器材，合理分组，

---

[1] 杨立国.中小学体育教学疑难问题会诊 [M].北京：人民教育出版社，2014：44.

增加学生实际从事练习时间，减少违纪行为的发生。

6. 提高体育教师自身的素质

体育课中的纪律状况往往与教师给学生的形象、威信及处理问题的方式等密切相关。为了维持纪律和进行课堂管理，体育教师要不断提高自己在思想、业务等方面的素养水平，热爱本职工作，对工作充满信心，情绪饱满地投入教学，热爱学生，与学生建立融洽的关系，并注意有时应站在学生的角度看待问题，妥善处理违纪行为和进行课堂管理，营造和谐的课堂气氛，顺利完成体育教学任务。

# 第五节　学校体育教育与家庭教育

21 世纪是一个科学技术发达、竞争日益激烈的世纪，充满机遇和挑战。在新的世纪里，社会对人的要求（尤其是素质要求）甚高，这就要求教育培养出高素质的人才。《中共中央关于教育体制改革的决定》中明确指出我们所需要的所有人才"都应有理想、有道德、有文化、有纪律，热爱社会主义祖国和社会主义事业，具有为国家富强和人民富裕而艰苦奋斗的献身精神，都应该不断追求新知，具有实事求是、独立思考、勇于创造的科学精神"。

为了迎接世界性人才竞争的挑战，适应我国现在的发展需求，肩负起建设有中国特色的社会主义的重任，我们培养人才应当突出八个方面：思想道德素质、品德素质、文化素质、智能素质、业务素质、心理素质、法律修养素质、身体健康素质。其中，心理素质是较为重要的一方面。

心理健康，即心理的效能状态，指个体在各种环境中保持良好的心理效能状态，并且在不断变化的外部环境的相互关系中能不断地调节自己的内部心理结构，达到与环境的平衡与协调，并在其中逐渐提高心理发展水平。在家庭、学校、社会这三者中，学生的大部分时间在前两者中度过，受前两者的影响也较深。作为学校中的教师，我们应用发展的观点来看待学生，我们应当看到，学生身心发展是有规律的。

学生身心发展的规律主要体现在：第一，学生身心发展有不平衡性。学生身心发展的不平衡性主要指生理成熟与心理成熟的不平衡性。一般说来，生理的成熟要早于心理的成熟。学生的发展速度在整个发展进程中也不是匀速前进的，而是呈现出加速与平缓交替发展的状态，体现出发展过程中量变与质变的统一。第二，学生的发展具有个别差异性。学生的发展存在个别差异，这种差异是由不同的遗传、环境和教育等因素造成的。一般学生的发展需要经历共同的发展阶段，但每个学生发展的速度、水平及发展的优势领域则千差万别。

我们还应当看到，学生是处于发展中的人，具有巨大的发展潜能。作为发展的人，也就意味着学生还是一个不成熟的人，是一个正在成长的人。作为发展的人，学生的不完善是正常的。发展作为一个进步的过程，总是与克服原有的不足和解决原有的矛盾联系在一起。把学生作为一个发展的人来看待，就要允许学生犯错误。学生还具有发展潜能。在实际工作中，许多人往往从学生的现实表现推断学生没有出息、没有潜能。其实学生具有巨大的发展潜能，这已被科学研究所证实。鉴于以上认识，作者认为，在引导和促进学生心理健康发展问题上，应特别注意家庭教育与学校教育的结合。

随着现代社会的发展，生活节奏日益变快，许多家长忙于自己的工作，致使家庭教育（特别是孩子的心理教育）陷入低谷。主要表现在：

第一，家长忙于工作，与孩子交流日渐稀少，没有及时了解孩子的心理动向，找不出教育孩子的切入点。在教育工作实践中，教师发现家长回家后与孩子说得最多的话是"作业完成了吗？"家长只关心学生学习，却忽视了与孩子情感的了解和交流，这是很危险的。如果孩子出了心理问题，家长到时再说，已经晚了。

第二，家长的知识、教育方法日益陈旧老化。对于忙于工作的家长来说，他们没有足够的时间去接触社会上的新生事物，而学生则有机会接触这些新生事物。

学校是有计划、有组织、有目的地向学生传授知识、技能的专门机构。当学生进入学校，学校对学生的影响就会上升。学生在学校，一方面掌握了人类社会积累起来的知识技能，发展了自己的智力和能力，另一方面，也接受了一定的政治观点，掌握了一定的道德标准，学会了为人处世的方式，形成了自己健康的心理。

家庭教育和学校教育如何结合开展工作呢?

具体措施为:

第一,建立工作小组。在学校建立起以学校主要负责人(例如校长、主任等)为组长的学生心理健康工作领导小组,并培养一支高素质的心理辅导员队伍。在教育教学工作中,依据学生的年龄特点设计心理健康教育,注重加强学科渗透,全面施教。

第二,做好家访工作。家访是学校教育工作的一个重要环节,它是学校教育与家庭教育有效结合共同商讨如何教育学生最经常采用的一种方式。在这里,我们反对那种把家访视为告状的观点和行为。家访的目的应该是与家长进行交流和沟通,及时了解家庭教育的情况,同时,也让学生家长了解孩子在校的表现,以便共同分析学生的心理发展状况。对于学生在学校的进步表现,教师要及时表扬,引导家长鼓励孩子继续努力;对于孩子的不良表现,要与家长分析原因,对症下药,及时纠正。

第三,定期召开学生座谈会和家长座谈会。召开家长座谈会时,家长、学校都可以介绍和了解学生近期的思想状况、心理状况。这里需要指出的是,对待学生要注意一分为二,既肯定学生的优点,也要指出学生存在的不足,让家长认识到学生只要扬长避短,定能成就一番事业。在家长座谈会上除引导家长要关心学生的学习,跟上时代的步伐,多读有关现代家庭教育的书籍,更新观念之外,尤为重要的是引导家长走进孩子的精神世界,关心了解孩子,多与孩子交流,使家庭教育在促进学生心理健康方面起到应有的作用。

## 第六节　学校体育教育与社区体育

学校体育与社区体育有效结合,会在培养全面发展的人才方面,特别在培养具备良好身心素质方面有着独特的功能,并为学校体育和社区体育各自的发展提供新的思路,推进我国全民健身计划纲要的深入实施,有效改善中华民族的素质。

## 一、中国学校体育教育的发展趋势

21 世纪的社会要求人们具有新的特征和素质，为适应社会发展的需要，各国都很重视提高人口的质量。而学校体育是学校教育的重要组成部分，它与德育、智育、美育、劳动教育等相结合，肩负着培养"知识经济"时代所需要的高素质人才的社会使命。学校体育又是国民体育的重要组成部分，是社会体育和竞技体育的基础，我们从社会变革和发展的角度正确把握学校体育的发展趋势有着十分重要的价值。21 世纪学校体育教育发展的主要趋势表现在如下三个方面：

### （一）体育功能向多元化发展

学校体育，首先是教育，然后才是运动，也就是说体育是通过运动所进行的教育。我们认为，学校体育教育应当具有如下一些功能：

#### 1. 生存教育的功能

所谓体育，其实自其诞生之时起就包含了"生存教育"的意义。从教育史我们得知，教育的主要内容就是学奔跑、攀登、涉水、格斗、投石等。

#### 2. 生活教育的功能

体育应当是一种重在养成的教育。所谓养成，是指通过不断地体验和实践最终形成正确的、稳固的行为习惯。人除了要生存以外，还要不断地提高自身的生存或生活质量。体育在教育学生形成正确的生活观、生活习惯、生活技能方面有着举足轻重的作用。体育教育是"玩"的教育、"安全"的教育、"美"的教育、"健康"的教育、"人际关系"的教育、"生活习惯"的教育，这些教育可以"内化"并付诸学生的生活实践。因此，学校体育可以使学生热爱生活、热爱运动，并且能自觉、持久、理性地参与到体育运动中去，形成健康的生活方式。

#### 3. 个性教育的功能

参与体育运动本身就是一种个性的展示。体育运动能为老师和学生的个性养成提供一个轻松和健康的舞台。作为个性教育的体育，可以通过精心设计的各种情境去塑造学生的个性，还可以给学生提供一定自主运动的时间和空间，使他们能充分发挥自己的主观能动性，在自主环境中磨炼个性。

### （二）学校体育教育逐步实现现代化

我国学校体育教育是学校教育的组成部分，学校体育必然要适应整个教育改革的宏观形势，并体现教育现代化的主要思想。我们认为，至少应包含这些内容：

第一，向以健康为主的、内容多样化的现代学校体育新体系转变。

第二，向学科综合、知识和能力综合、突出人文价值的新课程结构转变。

第三，向可选择的自主学习的新模式转变。

第四，向间接引导式教育为主的新教育方式的转变。

第五，体育教学成绩的评定向更灵活的相对标准评价方法转变。

第六，体育教师由运动技术专家型向教育专家型转变。

第七，学校体育由封闭式教育向家庭、社区、学校三位一体化的转变，并更多地发挥社区体育的功能。

学校体育并不是整个体育的终结，而是更加重视学生具有自主学习和运动能力的基本素质的培养，为终身体育打下坚实的基础。

### （三）体育活动注重个性化发展

开展轻松愉快的体育活动，要使每一个学生都得到教师的重视，让每一个学生在和教师与同学愉快的共同学习活动中，体验自我存在和自我实现的欢乐。

在体育教学的内容上要坚持"基础知识和基础能力"的培养，所学内容要使学生既容易掌握和理解，又能提高他们的学习意愿；教学方法上要重视个别教育，发展他们的个性。

不要用一个尺度而要用多元尺度去衡量学生，努力发现每个学生的优点和潜能，并使其得到发挥。

配备具有优秀品格、专业知识、良好教养、有实践指导和组织能力的教师。

根据学校、地区、社区和学生的实际情况，开展有特色、有创新的体育活动。

加强同社区和家庭的合作，形成教育的合力。

## 二、高校发展大众健身场馆的必要性

### （一）高校体育场馆的现状

高校体育场馆的现状是田径场基本配齐，篮球场、排球场仍有缺口，缺口最大的是游泳池、网球场和室内场地。

从对华东地区 25 所普通高校体育场馆设施的调查结果可看出，在篮球场、排球场、体操房、网球场、田径场、游泳池 6 个项目的体育场馆中，现有数占应有数比例最高的是田径场（92.6%），比例较高的是篮球场（64%），体操房和网球场的比例最低（分别为 14.1% 和 18.2%），游泳池的比例虽然占 32%，但实际上有 17 所高校没有游泳池。

另一项对辽宁省普通高校的体育场地现状的调查结果，也证明了以上结论。辽宁省的 43 所普通高校中，有 25 所没有网球场，23 所没有游泳池，8 所无室内场地。

跑步、乒乓球、羽毛球、网球、游泳、体育舞蹈、健美操、器械健身是当前我国大众最喜爱的运动项目，可以说，当前我国高校的体育场馆，最为缺乏的就是大众健身场馆。

### （二）高校体育教学需要大众健身场馆

一项由南京理工大学推出的大学体育教学内容新体系的改革方案，已作为江苏省（普通高等教育面向 21 世纪教学内容和课程体系改革计划）体育学科改革的龙头项目，并已获准在全面有代表性的 10 所高校中进行教学改革试验。该方案的最大特点是大幅度增加大众健身运动项目的体育实践教材时数，该方案规定在二年级的选修教材，基本上是大众喜爱的、娱乐性较强的休闲类项目，如乒乓球、网球、羽毛球、软排、舞蹈等，每位学生必须选修两项（一个学期一项），同时必修游泳。该方案还规定每位学生必须在一年级学会一套太极拳。

由此可见，传统的竞技运动项目教材已大为减少。该方案的目的是要使学生选择并掌握适合自己的终身从事体育活动和享受体育活动的方法，使学生体验到从事体育锻炼的乐趣，从而进一步增强体育意识，为终身体育奠定基础。笔者认为改革的方向是正确的，然而高校的体育场馆现状难以满足体育教学内容改革的需求，拖慢了教学改革的进程。为此，要推进高校体育教学内容的改革，就必须发展大众健身场馆。

### （三）高校体育必须与大众体育接轨

高校处在社会的大环境中，必然要受到社会的影响，高校必须主动适应社会的发展变化，使培养出的人才更好地适应社会，更好地为社会服务，这样高校才能生存和发展。高校体育处在大众体育的环境中，必然要受到大众体育的影响，也必然要适应大众体育，并为大众体育服务，这样高校体育才能受到大学生的欢迎和参与。

高校体育是学校体育的最高层次，是学生在校学习的最重要一站，是学生从学校迈向社会的转折点，是学与用的衔接点。因此，高校体育具有明显的奠基功能和终身效益，高校体育必然要与大众体育接轨。

如何使高校体育起到奠基功能和终身效益的作用呢？除了要使学生建立为健康而终身锻炼的体育意识，使学生具有自行安排锻炼时间、自行选择锻炼内容、自我评价监督的体育能力外，高校必须大力开展大众健身运动项目，以使学生在离开学校走向社会后，很快就能融入大众健身潮流，并在大众健身活动中起骨干作用。高校大力开展大众健身运动项目，还有助于大学生建立为健康而终身锻炼的体育意识，这有助于大学生具备自行安排锻炼时间、自行选择锻炼内容、自我评价监督的体育能力。因此，为了使高校体育与大众体育较好地接轨，高校必须发展大众健身运动项目场馆。

随着社会的发展变化，人们对体育的需求也在发展变化，高校的体育场馆如果不发展变化，必然要影响体育教学改革，从而不能吸引更多的大学生参与体育活动，这必然导致高校体育与大众体育不能更好地接轨，不能很好地完成高校体育的任务。为此，高校必须发展大众健身场馆。

## 三、关于社区体育工作者的培养

随着人类社会物质文明、精神文明的发展和人们自我健康体育意识的提高，

20世纪80年代，我国兴起的健康体育之风一直保持强劲的发展势头，展现了体育产业光明灿烂的发展前景。这个时期我国的体育设施建设速度明显加快，民间、企业、商业、公益等各种类型、各种层次、各种名目的体育俱乐部、体育中心、体育辅导站层出不穷。社区体育产业，作为体育产业中的一颗明珠，随着我国社区建设的飞速发展，逐渐显露出迷人的无穷魅力。如今，老人保健问题成为社会化的问题，这使参加社区体育锻炼、增强体质，成为人们首选的预防疾病、主动自我健康的最佳方法。因而如何培养社会（社区）体育指导员，成了人们最为关心的热点课题之一。

### （一）对社区体育指导人员素质的要求

现代体育的高速发展，改变了人们对体育过去的看法。健康体育或者体育健康，成了人们关心体育的一个重要因素。面向直接关系到人类未来自身生存发展质量的社区体育，社区体育指导者应该具备哪些基本素质呢？

#### 1. 健全的人格，积极的精神状态

健全的人格和积极的精神状态并不是指漂亮的外表和匀称的身姿，而是指通过强健的体魄体现出来的积极向上的精神面貌。作为一个社区体育指导员，以什么样的精神状态，如何树立起良好的健康形象，展示出自己的高尚人格和自己的独特个性，是能否取得成功的第一步，也是非常关键的一步。

#### 2. 共同的爱好，相互的信任

这是建立良好人际关系的基础。作为一个社会体育指导员，要能够通过自己乐于助人的热情态度，体现出自己美好的心灵和广泛的共同兴趣爱好，这样才能够与被指导者迅速建立起信任，从而为体育指导计划的贯彻实施和预期体育锻炼目标的实现奠定基础。

#### 3. 运动处方能力

运动处方能力是社区体育人才的基本要求之一，也是社区体育指导员开展工作的必备能力。一个好的运动处方的实施，除了精湛的业务技术外，还需要指导员的热心、爱心、耐心、关心。所以，这里所说的运动处方能力，并非单纯的运

动处方拟定能力，还包括运动处方整个实施指导过程需要的所有能力。

### 4. 体能训练能力

体能训练能力是参加社区体育活动要求最多的指导之一，也是最能帮助锻炼者树立信心、培养兴趣的方法之一。所以，社区体育指导员只有书本上的知识是不够的，还必须在实践中不断地学习、总结，有针对性地灵活运用各种体能训练原则，并将这些原则在具体的实践中体现出来。

### 5. 指导实践能力

所有的运动处方最终都要通过体育实践体现出来。虽然从形式上看，指导社区体育实践只是对制定运动处方的执行，而且对体育指导员的要求也不是太高。但是作为一名社区体育指导员，如果对自己的要求仅停留在这个水平上，那么最终将被淘汰。作为一名社区体育指导员，如果只能制定运动处方，而不能指导实践或指导实践能力不强，也不能说是一个称职的或合格的社区体育指导员。

### 6. 人际沟通能力

人际沟通能力是社区体育指导员工作的特点对其提出的一项特殊要求。因为最好的运动处方，最终都要通过实践指导才能实现预期的目标，如果缺乏人际的沟通和信任，绝对不可能取得预期的效果。

### 7. 基础医学知识

基础医学知识是对社区体育指导员提出的又一项特殊要求。因为社区体育指导员面对的很大一部分是老年人，岁月的沧桑不仅体现在他们的心理上，也在其生理上留下了深刻的烙印。所以，具备一定的医学知识，是应对各种社会性事故、处理各种紧急情况的基本保证。

### 8. 运动生理学知识

运动生理学知识是对所有社区体育指导员的基本要求。运动处方的制定、体育实践的指导、理想的体能效果等，都是以运动生理学为基础和前提条件的。

### （二）关于社区体育指导员培养的思考

1.发挥政府行政的指导作用

利用我国现行的"行政主导型"社会体育指导员等级制度优势，更好地发挥行政主导作用，加速对社区体育指导员的培养。虽然全国已经有6万人获得了社会体育指导员等级称号，但比较我国人口，平均每20 000多人、每7000多名参加体育锻炼者才能拥有1名社会体育指导员，可谓杯水车薪。据《中国人民大学社会发展报告》：我国65岁以上的高龄人口，在2000年达到6.3%、2010年达到7.8%、2020年达到10.9%、2030年将达到14.5%；而参加定点体育活动的人口中，74%以上都是老人。由于人们终身体育概念的建立、自我健身意识的增强，近来对社会体育指导员要求已经明显表现出多样化趋势。社会体育的产业化发展方向对社会体育服务质量提出了更高的标准和更新的要求。提高社会体育服务质量的最佳途径就是提高社会体育指导员的数量和质量。而行政主导，正是符合我国国情、能够加速我国社会指导员制度发展的优势。

2.完善继续培训制度

我国社会体育的发展速度可谓日新月异，不但新的社会体育项目、新的社会体育方法不断增加，新的社会体育思想、新的社会体育理论也不断产生。然而现行的社会体育指导员等级制度随着培训学习的结束和等级指导员的资格取得，学习也同时结束，暂时还没有建立"等级社会体育指导员"的定期培训制度或进修制度，因而，如何保证已经取得"等级资格"社会体育指导员的社会体育观念、社会体育理论、社会体育知识、社会体育方法等能够跟上时代发展对社会体育指导员的要求，是一个必须研究解决的重要课题。高校、各种单项体育协会和社会体育组织，都应该成为开展继续培训的基地，否则将可能形成一批新的等级社会体育指导员产生的同时，宣告着另一批等级社会体育指导员的淘汰或落伍。因此，我们必须尽快树立社会体育指导员的继续培养的新观念，建立适应时代发展要求的社会体育指导员培养机制，从而保证我国社会体育的高速发展。

3. 社会体育指导员的职业化

我国体育产业的高速发展，不仅为职业体育，更为社会体育提供了发展空间。社会体育场馆设施的不断增加，各种各样健身体育俱乐部、休闲体育俱乐部和各种各样的体育中心、体育学习班如雨后春笋。特别是社会福利事业的产业化发展，社会高龄化发展正逐步形成的"银色体育市场"，已经展示出巨大的潜力和良好的发展前景。提高社会体育指导员整体素质，树立新的社会体育指导员形象，吸引高素质人才加入到社会体育指导员队伍，是社会体育产业化发展的迫切要求。

4. 建立与高校联合培养社会体育指导员的制度

建立与高校联合培养社会体育指导员的体制，不失为提高社会体育指导员素质、加快培养速度的又一可行性良策。我国在 20 世纪 80 年代之前，高校体育专业的课程设置，基本上是紧紧围绕培养各级、各类学校教师为主要目标的。而随着社会体育产业的发展，虽然有些大学根据社会体育产业的发展需要，已经开设了社会体育专业，有些大学还增设了有关社会体育方面的选修课程，但是数量有限，远远满足不了社会需求。明确社会体育指导员"职业化"的发展方向，建立高校与社会共同的培养目标，形成互相认同机制，将课堂教育与社会需要结合起来、"职业"与"奉献"结合起来、学校培养与体委培训结合起来，不仅能够加快我国社会体育指导员培养速度，提高社会体育服务质量，而且还能加速我国社会体育产业开发、发展，形成社会体育产业高速发展的新局面。

5. 重视社会体育产业化的专题研究

要加强对《社会体育指导员等级制度与社会产业发展》的专题研究，努力使其成为促进社会体育产业发展、加速社会体育产业市场开发、推动我国经济繁荣的动力。因此，坚持理论先导作用，组织强有力的社会体育研究班子，发挥行政的权威性和号召力，利用一切可以利用的社会力量，调动一切可能调动的积极因素，如高校教师、体委教练、专职体育科研人员、离退休人员中的有识之士、热心体育研究的人员等，都来为社会体育发展献计献策。建立一支动态的社会体育研究的高素质队伍，是保证我国社会体育领先发展的前提。

因而必须高度重视社区体育指导员的培训工作，不光是业务技能培训，还有理论知识培训和思想道德培训。这也是社区体育对社区体育指导员的一项特殊要求。

## 四、农村社区体育发展趋势

20 世纪 70 年代末后，我国农村开始实行经济体制改革，农村社会生产力获得了前所未有的发展，为农村社区体育的逐步开展提供了必不可少的社会经济基础。

第一，居民收入增加，为农村体育的发展提供了条件。

随着一部分人和一部分地区先富起来，农民的消费结构将出现多样型的特点，只要我们积极加以引导，可以逐步增加农民体育消费的比例。

第二，余暇时间增加，农民将有较多的从事体育娱乐的机会。未来几十年，随着农村经济体制改革的深化，农业机械化程度的提高，使得农民的余暇时间逐步增加，农民从事体育娱乐的机会也随之增多。

第三，受教育的机会增加，农民对体育的认识提高。提高我国农民的科学文化素质，积极促进农村经济与社会发展，使农民对体育的价值有新的认识，为农村社区体育的开展提供良好的人文基础。

第四，小城镇的发展，为建立农村体育中心创造了条件。目前，有些地区提出了"三集中"模式：农田向农场集中；居民向城镇集中；工业向园区集中。有些地区还出现了"中心村"模式：以乡镇政府所在地为中心村，使其成为政治、经济、文化、体育的中心，同时辐射若干周围村。这些农村社会结构改革的思路和做法，有利于建立农村体育实体，有利于吸引本地和外地的资本为体育投资。农村小城镇的发展，为建立农村体育中心奠定了基础。

第五，人口城镇化有利于进一步普及农村体育。20 世纪 50 年代以来，我国城镇人口增长绝对数非常大。1949 年城镇人口约为 4900 万，到 1996 年城镇人口增加到 3.7 亿；小城镇由建国初期的 2000 多个，到 1999 年已经增加到 19 000 多个。我国小城镇的增加是社会主义市场经济发展的重要标志。小城镇作为农村社区的经济文化中心，它所特有的集聚效应、辐射效应、联结效应及融合效应不仅成为我国城市化过程中不可或缺的一个重要组成部分，而且为进一步普及农村体育、扩大农村体育人口发挥重大作用。

## 五、家庭体育与社区体育的关系探讨

家庭聚集在一起的状态以及由此而产生的需要，导致了另一种形式的群体的产生，这就是社区。社区有许多不同于家庭的特性，但又与家庭保持着极为密切的关系。社区是家庭与家庭、家庭与集体相互联系的中介，是人们公共生活的场所。由于家庭体育活动的主体同时也是社区体育的主体，家庭体育活动空间主要是在社区范围内进行，因此研究和探讨家庭体育与社区体育的相互关系、家庭体育在社区体育中的地位及运行规律具有重要的意义。

### （一）家庭体育对社区体育的决定性作用

社区是城市的细胞，家庭是社区的细胞，每一个社区都是由许多类型的家庭组成的，作为社区体育活动主体的居民都是该社区的各个家庭成员。在 21 世纪，随着我国居民生活水平的提高，余暇时间的增多，社区成员受教育程度逐步提高，家庭体育活动在空间、时间、规模、内容等各方面有较大的发展，为社区体育的发展注入了强大的活力，可以毫不夸张地说，如果没有我国家庭体育的蓬勃兴起，就不会有社区体育的快速发展。

### （二）社区是家庭体育的保障

#### 1. 社区的范围性

社区是有范围的，由于这一特点，使社区内的各个家庭成员都能具有相对公平的从事体育活动的权利和机会，并在活动中加强社区内各个家庭之间的感情交流，培养共同意识，形成良好人际关系，从而使社区的活性大大增加。

2. 社区为体育开展提供物质保证

从社区体育活动设施具有公共性特点来看，家庭体育活动是利用社区资源进行的，社区内的广场、绿化带、公园及其他公共设施都是开展家庭体育活动赖以利用的资源。因此，社区体育设施的规划和建设，为家庭体育开展提供了必不可少的物质保证。

3. 社区为体育开展提供组织保证

社区体育活动的开展，大多数由综合性组织如社区体协或者单项组织如老年体协、业余俱乐部等来组织实施。这些体育组织可以借助政府或其他机构、单位的力量，有效地开展和组织各种项目的家庭体育竞赛活动，为家庭体育活动的开展提供组织保证。

4. 社区体育活动以提供服务为特征

社区体育可以根据家庭体育活动的需要，提供各种服务。服务主要包括场地设施服务、体育指导咨询服务、组织管理服务、体育活动计划和运动处方服务、体育信息服务，这些服务使得家庭体育的开展更健康、更科学、更有实效。

### （三）家庭体育与社区体育协调发展

随着社会的发展与城乡居民生活质量的提高，家庭体育活动将会得到进一步开展，家庭体育的发展不仅表现在量的增加，而且还会表现在质的提高。具体表现在：家庭体育活动的时间会呈现延长趋势；家庭体育活动的内容更加丰富多彩；家庭体育活动的价值选择呈现多样化，有健身性和休闲娱乐性，还有教育性等；家庭体育活动场所数量要求会大幅增加。有关部门能否根据家庭体育的需求变化及早做出规划，采取有效措施和对策，将对家庭体育发展产生十分重要的影响。

根据家庭体育的变化趋势，要使家庭体育与社区体育协调发展应注意以下几个方面：

第一，政府部门要根据不同类型社区的人文、地理、经济、社会等具体条件，在制定社区建设规划时充分考虑到开展社区体育必备的基本社区体育组织；在制定活动计划时要充分考虑家庭体育活动的特点，有目的地加以组织和引导，活动内容应特别注意体现集体性和趣味性，形成社区内良好的文化环境以便吸引更多的家庭投身到社区体育活动中去，从而有效增加社区体育的参与人口。

第二，在社区内做好家庭体育的宣传和培训工作，根据不同年龄、职业和不同身体状况，在体育活动的技术、方法、内容等方面，给予必要的帮助和指导，协助家庭制订锻炼计划，不断增强科学健身意识，提高健身活动效果。

第三，根据家庭结构的变化态势，组织和开展适合空巢老人的各种体育活动，使老年人保持健康的身体，老有所乐，摆脱孤独的心理状态。同时要根据标准核心家庭逐步上升的趋势，多开展一些寓体于教、寓体于乐的家庭体育竞赛活动，激励更多的家庭参与体育锻炼。

中国的家庭体育与社区体育将会逐步改变现在较为松散落后的状态，呈现出融合交织的态势，并成为推动中国社会体育发展的有力基础和重要的动力。

# 第八章　创新体育教育的运行机制

# 第一节　创新体育教育的环境

环境是个体生活于其间并对个体产生影响的一切外部条件。从功能与性质上看，可以把影响人的社会环境因素分为三类：一是经过人改造过的自然环境因素。这种人化的自然，包含物化了的社会经验，具有明显的社会意义。作为一种刺激源，它可以不断地以观念的形态移植到人的大脑中，构成人的心理发展的丰富内容。二是人类的社会关系和相应的意识形态。人一诞生，就作为群体的一员，在各种各样的社会关系中存在着。个体借助这种社会关系，通过与他人、群体及社会的交往实现自身的发展。社会意识作为一种客观因素，对人的身心发展具有重要的意义。三是教育因素，教育是一种培养人的活动。学校作为专门的教育机构，在受教育者的身心发展中起着主导的作用。

既然如此，我们在探讨创新体育教育时，就必须对创新体育教育的环境作出分析，从而在操作层次上更好地把握创新体育教育。

## 一、创新体育教育的外部环境

创新体育教育的外部环境是指创新体育教育之所以能够存在、发展、繁荣的"社会"大环境。中国有句古语："皮之不存，毛将焉附。"[①] 意思是说，存在需要条件，如果没有相应的条件，就不可能有那个相应的事物。

"橘生淮南则为橘，生于淮北则为枳"，此话言简意赅。"淮南""淮北"是两个完全不同的环境，不同的环境"事实"上在造就着不同的果实。那么，我们就必须从战略的高度看待环境的重要性，千方百计地为创新体育教育营造一个理想的环境，让学生都长成甜美的"橘"，这就是创新体育教育的使命。

## 二、创新体育教育的内部环境

创新体育教育是一个系统工程，下面从操作层次上对其进行分解。除了必须

---

① 仲新朋.中华典故 [M].长春：吉林文史出版社，2019：60.

有全新的教育指导思想外，还必须有富有创造意识的管理人员进行科学的管理，必须有富有创造精神的教学人员兢兢业业地进行教学，必须有富有创造精神的学生积极主动地学习，并由此构成一个管（管理）、教（教学）、学（学习）三者合力同心的内部环境。这三个方面缺一不可。

## （一）创新体育教育要求有高质量的教师——创造型的教师

美国创新体育教育权威史密斯认为，创造型教师就是能吸取由教育科学所提供的新知识，在课堂教学中积极地加以运用，并且发现新的切实可行的方法的人。

美国著名创新体育教育家托兰斯认为，创造型教师必须具有六个方面的条件：第一，对学生发挥出来的创造力感到由衷的喜悦并加以赞扬；第二，建立有助于维护个人自尊心的人际关系；第三，了解学生的能力界限和优点；第四，不是为了支配学生，不压制集体的意志和个人的意见；第五，探求各种事物的真情；第六，创造宽容与亲切的环境。[1]

显然，创造型的教师是视野开阔、思路全新的教师。除了对教育事业的无限热爱之外，在教学中，他们应该具有如下这些特点：善于发现问题；善于准确地设计教学目标；善于制定并实施最佳教学方案；善于激发学生进行广泛的想象；善于引导学生克服种种思维定式；善于培养学生敢想敢做的进取精神；善于鼓励学生勇敢地怀疑已有的定论；善于传授发明创造的方法技巧；善于激发学生的好奇心；善于把抽象的问题形象化、具体化；善于及时总结经验。

## （二）创新体育教育要求有高质量的学生——创造型的学生

经过长期艰苦的创造型教育，学生理应具有如下条件，并逐渐学会并适应进行独特的创造性思维。

这样的学生，将有着更主动的精神和更坚强的意志。这种主动精神和坚强的意志，将会使他们在学习中更有成效。

具体地说，他们应该具有如下特点：有牢固而扎实的基础；有坚忍不拔的毅力；有达不到目的决不罢休的攻关意识；善于充分发挥主观能动性；善于把知识

---

① 路凯，刘仲春. 现代创造教育 [M]. 北京：光明日报出版社，1989：12.

条理化、系统化；善于发现问题、提出问题；思维富有开放性、独特性、深刻性、全面性、广阔性及综合性。

### （三）创新体育教育要求有高质量的管理者——创造型的管理者

美国创新体育教育家托兰斯认为，创造型教育管理者应该具有以下五个特征[①]：

第一，始终带有好奇心和不满足，经常提出这样的问题：这是怎么产生的？假如我们这样做会怎样？

第二，热爱自己的工作，带着满腔热情和强烈的创造动机开展工作。

第三，具有将自己工作的热情影响给他人的才能，能形成紧张而愉快的气氛。

第四，富有灵活性，具有开放的心理，主动吸取新的信息并加以运用，经常了解新的设想，对任何设想都不随意批评。

第五，摒弃传统观念，大胆提出疑问，在给别人指出努力目标的同时传授努力的办法，为了达到某一目标，乐意付出身心两方面的努力。

管理是一门科学，没有这样高质量的管理者，创新体育教育的实施将很难进入正常运转的理想状态。我们认为，创造型的管理者必须富有现代意识；必须对教育事业无比忠诚；必须熟悉教育理论、教育规律；必须有较高的文化知识与专业知识；必须有组织计划、指挥协调的能力；必须有进取精神，头脑开放，富有弹性；必须注重实效，有开拓精神。

创新体育教育的内部环境，应该既包括硬件，又包括软件。硬件即良好的物质条件，如完善的图书馆、精良的实验室等。软件即良好的环境气氛，如有尊重知识、尊重人才的民主气氛，有百花齐放、百家争鸣的宽松气氛，有人人争上游、个个求上进的竞争气氛等。

## 三、创新体育教育环境的功能

创新体育教育环境的功能主要是指创新体育教育环境对有关主体的行为与教

---

① 路凯，刘仲春. 现代创造教育 [M]. 北京：光明日报出版社，1989：78.

育质量的高低所发挥的作用和效能。良好的体育教育环境是教育教学活动有效开展的基础，对教育教学活动的高效率、高质量开展具有促进和保障作用。

### （一）导向功能

教育环境的导向功能，主要表现为学校能够以环境的形式把教育者的意志方向表现出来。社会教育环境也影响人，其组成要素的影响也有一定的方向性，但这种影响带有很大的自发性，又缺乏必要的协调，没有什么系统性，因而难以使受教育者向预定方向发展。

学校教育环境，尤其是创新体育教育环境则正好相反，它能够对各种影响因素，根据一定的教育目的和教学需要作出取舍，加以必要的协调、组织和控制，撷取其中符合人的身心发展的积极因素，克服和排除那些不符合发展需要的消极因素，从而通过心理上的潜移默化，引导有关主体的身心发展方向。苏霍姆林斯基曾经指出，要让学校的一切事物都说话，使学校的每一个地方、每一件事、每一个人都起到教育学生的作用。[1] 创新体育教育环境就是通过环境本身的作用，以创造性精神引导学校主体的思想行为。

### （二）同化（规范）功能

社会心理学研究表明，任何环境都对身在其中的人们起到一种心理同化和行为规范的作用。良好的教育环境一经形成，就会形成一种积极的教育和学习的氛围，它作为一种无形的压力，迫使有关的人不得不尽快消除自身心理行为与环境的反差，以适应环境的要求。有的人喜欢到阅览室、教室去学习，就是因为那里有一个良好的学习氛围，能促使自己认真学习，提高学习效率。这样，教育环境就对人的心理行为的发展和素质的形成产生了特定的强制规范功能，从而保证了教育目标的顺利达成。

### （三）激励功能

激励功能主要是指创新体育教育环境对个体心理潜能释放的激励作用。激励

---

[1] 韦俊卿.中小学心理健康教育实践探索 [M].南宁：广西科学技术出版社，2006：44.

功能实际上是教育环境导向功能、规范功能的延伸，它大多表现在临时形成的特定环境中。良好的教育环境会对个体产生一种激励作用，如组织得当的学习竞赛，使教师们责任心增强，更加讲究方法，更愿意将全部精力投入到教学和指导学生中去。学生也因竞赛激发了自尊心和自信心，焕发了奋发向上的学习热情，形成比、学、赶、帮、超的良好学风。创造性的教育氛围能给教师创造性地教、学生创造性地学以一种无形的激励。

### （四）抗扰功能

创新体育教育环境是各种主客体因素的综合体，各种要素之间的关系以及发生效能的方式形成一定秩序。这种秩序保证了教育环境的相对稳定性和独立性，使创新体育教育环境一经形成便取得了自身特有的灵性，在其运行过程中凝结为一个独特的功能系统，涵盖存在于其间的各种物质和精神要素，制约主体的各种心理和行为。

教育环境的这种特性在有违于教育目标达成的消极因素面前，在阻碍创新体育教育开展的因素面前，表现为突出的抗干扰功能。

## 第二节　创新体育教育的运行机制

系统论认为，社会系统的有效运行必须依靠机制。而创新体育教育同样需要一个良好的运行机制。研究创新体育教育运行机制的目的，是通过对构成创新体育教育的各要素及其关系的分析，为创新体育教育选择一个保证其有效运行的机制，促进其有效发展。

### 一、创新体育教育的内在因素

对创新体育教育内在因素的理解有广义、狭义之分。狭义的创新体育教育因素主要包括创造性教和创造性学，它们是创新体育教育的核心因素。广义的创新体育教育因素除了创造性教与创造性学之外，还包括创造性管理。

### （一）创造性教

创新体育教育的基础是教师教育活动的创造性。任何富有成效的教育都离不开教师的创造性。教师教的创造性集中表现在教学技巧上，即教师运用系统的理论知识、成功的教育经验以及综合运用各种教育方式方法解决教育教学问题的才能。教的创造性的最高境界是教师科学地、熟练地、富有个性地运用教学技巧——使教学技巧的运用达到艺术化的境界，实现教学科学性与艺术性的统一。创造性教育活动常常通过教学的环节和某些方面表现出来，如教育过程的有效组织，教育内容的科学处理，教学方式的恰当选择，教学方法的灵活运用，教学机制的权宜应用，教育情感的有效调控，以及教师劳动形态的塑造等。在现代社会，教师教的创造性已经超越了古代教师狭隘的个人经验和悟性，它是科学理论指导下的教学艺术的灵活运用，包含了教师在组织艺术、讲解艺术、启发艺术、表演艺术、鼓励艺术、批评艺术和调控艺术等方面创造性的富有个性的表现。很显然，教的创造性植根于丰富的教学实践。只有那些富有经验，善于思考，并成功地把教学理论、教学经验用于解决具体问题，从而使教育教学活动具有一定个性的教师，才会使教育活动富有创造性，直至达到某种艺术境界，从而形成教师个体的教学风格。

教的创造性不仅可以使教师因为创造性劳动而获得的成就感，而且可以使学生在接受教育的过程中领略到教师创造性劳动而表现出来的教学艺术美。在教师创造性的教学活动中，随着教育活动的开展，学生既学到了知识，增长了才干，也在不知不觉中感受到人的本质力量的出色表现以及由此带来深刻的美感体验和愉悦。

至此，创造性教学与愉快教学实现了有机统一。全国著名小学特级教师刘霞就是一个典型例证。刘霞的不少学生回忆说，上学时天天想听刘老师讲课。听刘老师讲课是一种享受：老师慈祥的微笑、热切的期待、生动的讲解……仿佛眼中浮现了多彩的画面，耳边响起了美妙的旋律。不少学生至今还记得刘老师讲过的很多篇小学语文中的课文。刘老师上课为什么会有如此神奇的力量？关键在于她熟练的教学技巧和富有创造性的劳动。

创新体育教育应当是教学的科学性与艺术性的统一。脱离科学性，为了生动而生动，把教学等同于演戏的做法，非但不是我们追求的目标，也无法帮助创新体育教育，而且与其出发点也是背道而驰的，这将导致学生对教师劳动的片面认识。创新体育教育集中体现为教师在整个教育劳动过程中富有个性的创新精神，显示出他们积极的教育情感、敏锐的教育感受力、丰富的教育想象力和深刻的教育思维力。教师劳动的创造性并不是偶然地表现于某个教学片段、某方面教学内容中，而是体现在教师劳动的全过程及教学实践的各个领域。创新体育教育并不神秘。教的创造性并不是一种静止不变的理想要求，它植根于教育实践，是随着教师创造素质的提高而不断动态完善的。

### （二）创造性学

教育过程是教师和学生的双边活动过程。学的创造性是创新体育教育的又一重要方面。要使创新体育教育顺利开展，只有教师的积极性，没有学生的积极性，只有教的创造性，没有学的创造性，是不行的。

那种认为只要有了教的创造性，创新体育教育就自然形成的看法是形而上学的。有人说，创造是指那些在各个领域所进行的前所未有的开拓性劳动，如科学家的发明、艺术家的创作等。诚然，创造是这些带来巨大经济效益和社会效益的活动，但是创造绝不仅限于此。创造活动的形式是多种多样的，并且可以分为若干层次的。创造理所当然地应当包含那种显现了主体本质力量，在相应领域取得较大影响的、具有较强个性化的实践活动。与教师的创造性劳动一样，学生的学习同样是一种艰苦的智力劳动，其也是可以具有创造性的。所不同的是，与其他领域的创造活动尤其是科学家的创造相比，学生的创造是在教师指导下进行的，其目的不是创造客观世界，而是创造主体心理世界中前所未有的东西。学生学的创造性主要是指学生主体的创造意识、创造态度、创造思维以及运用对个体来说前所未有的手段和方法解决学习中的具体问题。

在创造性学习活动中，学生具有强烈的创造意识，各种体力与智力潜能，特别是心理潜能得到充分发挥，并协同作用于学习活动，使主体的本质力量得到充分实现。苏霍姆林斯基明确指出："学生的创造性主要是揭示个人精神世界的一种活动。"① 显然，不能把学生的创造性与科学家的创造性相提并论。前者注重的是活动过程的创造性，注重活动对于主体的精神意义，后者则强调活动结果的创造性，强调活动所带来的社会价值。创新体育教育应当立足于学生的特点，切忌脱离实际，并以是否有利于学生身心发展，是否能提升主体的创造素质为标准。

探索未知世界是人类的本性，这一特点在青少年身上表现得尤为明显。青少年对自己的个性与才能具有强烈的表现欲，创造性学习活动恰恰迎合了青少年的这种需要。在创造性学习活动中，学生成为客观世界（学习对象）的主宰，他们的自信在提高，情感在深化，责任感在增强，知识变成了改造世界的力量。正是这种活动，使学生增强了对主体及其本质力量的认识，并在活动过程中充分锻炼和发展自身的各方面潜能。正因为如此，不少教育家、心理学家不遗余力地倡导"发现学习"，他们要求广大教师要努力使学生的学习过程成为一种创造和发现的过程，从而真正使学习本身成为学生心理生活的润滑剂、身心发展的动力和生活的一种享受。

## 二、创新体育教育过程的特点

### （一）创新体育教育是不间断的创造运动过程

创造不仅是一种社会需要，也是人类对自身生命形式的超越。创造活动的本性在于它把人的智慧和潜能置于一种激活状态。当人们从事某种创造活动时，必须全身心地投入活动过程中。正是在这一过程中，人的本质力量与主体的生命层次得以体现与提升。现代社会要求创造性劳动成为越来越多的劳动者的生活风格，而当创造性成为人类行为的特征时，人类将从受制于自然的必然王国进入充分体现本质力量的自由王国。创新体育教育是人类显现本质力量的一个领域，作为一种社会遗传机制，它在人类创造性活动中占有重要地位。

人的本质力量不仅存在于对象化的结果之中，而且体现于人们的创造活动过程中。就创新体育教育而言，不仅要看到教育的结果，看到是否为社会培养出创造性人才，更重要的是要关注教育的过程，看教育活动中师生双方的各方面潜

---

① 李范.苏霍姆林斯基论美育[M].长沙：湖南人民出版社，1984：14.

能是否充分发挥，是不是"教得轻松，学得愉快"。创新体育教育的过程较之社会其他领域的创造过程来说具有突出的意义，对于正在发展中的青少年来说尤其如此。

创新体育教育是一种不间断的创造运动过程，是创新体育教育的主体——教师与学生不断解决教育活动中各种矛盾关系的过程。教育过程中存在着各种矛盾关系：教（师）与学（生）的矛盾，教师与教材、教育手段的矛盾，学生与教材、学习手段的矛盾等。其中教（师）与学（生）的矛盾是教育过程中各种矛盾的核心。从教与学两个相适应的系统而言，教的创造性是教师对影响教学效果的基本环节（备课、讲课、辅导、批改作业、考评）进行创造性设计，实现不断创造的过程；学的创造性则是学生对组成学习过程的基本阶段（预习、听课、巩固、运用）进行探索以实现个性化学习的过程。

创新体育教育作为一种不间断的运动过程，实质上就是不断地创造性地解决教与学的矛盾，使教的创造性与学的创造性协调发展的过程。显然，教的过程与学的过程的和谐结构与有效调控，不仅是创新体育教育得以进行的条件，也是创新体育教育过程实现由低级向高级发展的标志。

在创新体育教育不间断的运动过程中，教的创造性及其运动层次与轨迹，具有主导创新体育教育运动整体性质和效能的意义。而学的创造性则使学习过程成为学生自身本质力量显现的过程，它给学习生活提供原动力，使学习不再仅仅是一种社会义务，而是发自主体内心的一种创造渴求。二者形成一种合力，共同推动创新体育教育的发展。

**（二）创新体育教育是教的创造性与学的创造性的统一**

系统的功能不但取决于系统的组成要素，而且取决于系统诸要素的结构。创新体育教育过程是师生利用自身潜能充分发挥创造性的过程，是教的创造性与学的创造性的有机统一。一方面，创造性教与创造性学作为构成创新体育教育的基本要素，首先必须实现"自我完善"，形成一个相对独立的系统；另一方面，创造性教与创造性学必须是密切联系、相辅相成、有机统一的。创新体育教育作为一种教学双边活动，需要师生双方劳动创造性的和谐结合。居于主导地位的教师的创造能够激发学生的创造欲望，开启学生的智慧，锻炼学生创造的意志，同时也显示了教师自身的生命力量，实现了其自我人格的完善。而学生的创造不仅增强了学生主体的创造信心，而且以其自身独特的形式完成了增长知识和才干的任务，通过师生的有效交流，在同一过程中逐步实现了个体社会化。

教师的创造性发挥着主导作用，是学生创造性学的前提。要使学生的学习成为充满创造性的过程，教师的教学过程要具有强烈的创造性。对此，许多教育家早就注意到了。缺乏教的创造性就无法营造创造性的教学氛围，而创造性的教学氛围不仅是创新体育教育不可缺少的条件，也是教育过程是否具有创造性的标志。

学生的创造性学对创新体育教育过程的开展同样具有重要意义。学生的创造性学是对教师创造性教的呼应与强化，它不但对学生自身发展具有重要意义，而且提高了教师的创造信心与教育成就感。学生学的积极性、创造性不仅直接影响并最终决定着个体的身心发展水平，也是衡量教师创造性教的主导作用是否有成效的重要标准。应当明确，师生双方的积极性、创造性都是创新体育教育的必要条件，其中任何一方积极性和创造性的损伤，都将削弱或破坏只有师生积极合作才能取得的整体功能，影响创新体育教育的有效进行。因此，在创新体育教育中，既要防止忽视教师主导作用的倾向，也要防止忽视学生积极性的倾向，要使教的创造性与学的创造性实现有机的统一，推动创新体育教育的顺利开展。

### （三）创新体育教育的集中体现

#### 1. 教学风格

教学风格是教师个体在长期的教学活动中形成的教学特色与个性的总和，是教师个体的教育创造性的集中体现。人的创造性的表现是多方面的，教师劳动的创造性也是如此。尽管教育工作有共同的规律，教育实践要受共同的科学理论指导，但是，教育规律、教育理论的作用必须经过教师主体的内化过程才能实现，这就要求教师根据自身特点开展创造性教育，形成具有个性的教学风格。教学风格既是教师劳动创造性的体现，又是这种创造性劳动的必然结果。那种生搬理论、因循守旧的非创造性教育劳动是与教学风格无缘的。

教学风格是经过长期的教学实践形成，并在其中体现出来的，它是教师充分发挥自身优势进行创造性劳动的结果。制约教师教学风格形成的因素有很多，主要有两个：一是教学实践。教学风格不能脱离具体的教学实践，教学实践既是磨炼教学风格的训练场，又是教师个体展示教学风格的舞台。二是教师自身的条件与特点。教师个体的主客观条件与教学风格的形成及其类型具有密切联系。教师的知识、能力以及人格特征会直接影响到教师在教学中创造性的具体表现。有的教师热情奔放，有的教师稳健庄重，有的教师温和柔婉……这些都制约着教师个体教学风格的形成。

教学风格具有三个特点：一是形成的长期性。教学风格需要教师具有较高的职业素养，并经过较长时间的教学实践才能形成。二是表现的特异性。教学风格是教师自身优势在教学活动中的创造性发挥，充分体现了教师个体的个性特征。特异性是教学风格的灵魂。三是影响的稳定性。教学风格作为教师劳动的个性特色，贯穿于教学过程的始终，渗透于教学活动的一切方面。形成符合自身特点的教学风格应当成为每一个教师的奋斗目标。

2. 个性化学习

个性化学习是指学生个体在学习过程中形成的、具有个性的学习方式，是学生个体学习创造性的集中体现。个性化学习既是学生创造性学习的表现，又是创造性学习的结果。

人人都能创造，创造需要学会学习。个性化学习要求学生作为学习活动的主体，成为教学过程的积极参与者。在个性化学习过程中，学生不再是知识的单纯接受者，不再是教学指令的消极顺从者，他们把接受教育、进行学习看成体现本质力量、显示个性的良好机会，自觉使自己成为教学活动的主人。这种学习给学生表现个性提供了舞台。

个性化学习的核心是学生根据自身的条件和个性，形成适合个性特点的有效的学习方式和方法。学习艺术的形成也是以学习者的个人才能与个性为基础的。在学生积极主动的探索中，那些能够有效掌握教材并符合自身特点的学习方式和方法，必然逐渐被学生所认识和掌握。由此，创造性学习成为现实。学习过程也成为学生发展个性的舞台。

学生能否采用并持续保持个性化学习方式，受到诸多因素的制约，其中最直接的因素是教师的教。教师能否进行创造性教学，是否根据不同学生的条件和特点提供必要的条件，是学生能否实现学习个性化的关键。一个有创造性的优秀教师，不仅承认学生的天赋、才能与个性的差异，了解每个学生的个性，而且十分珍视和欣赏他们，实施因材施教，努力把每个学生的个性引向积极的发展方向。那种千篇一律、千人一法的教学与创新体育教育、与学生的个性化学习是背道而驰的。教师要引导学生找到适合自己的个性化学习方式。

### 三、创新体育教育运行机制的建立

创新体育教育的运行机制是指构成创新体育教育的各主体要素之间的结构关系及其相互作用的方式。

目前，创新体育教育作为一种教育模式，在我国越来越受到重视。社会主义市场经济的大背景，既增强了我们实施创新体育教育的迫切性，向教育改革提出了挑战，也增加了这种实施环境的复杂性、不确定性，增加了实施的难度。因此，机遇与挑战同在。这里，我们把创新体育教育看成现阶段我国社会主义教育的必然选择，主要从微观上讨论创新体育教育的运行机制。

建立创新体育教育的运行机制，就是要为创新体育教育选择一个基本的运行模式。在讨论基本的运行模式之前，要明确影响其形成的主要因素。它包括：第一，教育系统所承担的任务——创新体育教育的目的和应发挥的功能，主要是指创新体育教育所培养的人才的质量规格；第二，影响创新体育教育运行和功能发挥的条件，主要是指实施创新体育教育的人力、物力、财力的状况；第三，直接参与创新体育教育运行过程并制约其效能发挥的主体因素，主要指教师、学生和学校管理者的素质；第四，教育与外界的联系形式，主要指政府、社会参与教育的方式；第五，创新体育教育的文化与价值观环境，主要指人们对"创造"的观念，现有的教育法制状况等。创新体育教育运行机制的基本模式，实质上就是上述诸要素相互联系、相互作用的基本方式，是影响创新体育教育运行的若干基本矛盾的体现。创新体育教育运行机制的建立可从以下几方面进行分析：

### （一）导向机制及其建立

任何系统都有一定的目的性。创新体育教育应当以社会主义政治、经济需要为基础，以党的全面发展的教育方针为指导，以培养适应现代社会要求的高质量的创造性人才为目标来建立导向机制。这种导向机制的基础是教育与社会相互作用的规律，它较好地解决了外部需要与内部完善的关系，体现了系统运行与整体功能趋向一致并为其服务的系统目的性要求。能否完成提高民族素质、为社会主义建设培养合格人才的任务，是衡量创新体育教育性质与水平的根本标志。创新体育教育要根据这一要求和自身特点建立正确的导向机制。

### （二）动力机制及其建立

任何事物的运行都需要动力，而竞争与激励都是动力。在教育领域里开展竞争，只是把竞争看成一种特殊的激励手段，其目的是通过竞争使有关人员处于"应激"状态，更好地发挥自身的本质力量，提高教育教学效率，促进整体发展。在运用竞争手段时，要创建平等、公开的竞争环境，建立正常的竞争规范和秩序，提倡相互超越和优化组合。建立动力机制的原则是既要有利于个体创造力和潜能的发挥，又要注重整体创造能力与层次的提高。

### （三）调控机制及其建立

任何事物的发展都是与约束联系在一起的，这是系统适应性的要求。制约事物运行的因素很多，一旦这种运行偏离了系统的目标，影响了系统功能的实现，就必须进行及时调控。创新体育教育要充分相信主体的自我调控能力，以师生员工的自我调控为基础，建立起宏观调控与微观调控、外在调控与内在调控、素质调控与法纪调控、单向调控与双（多）向调控有机结合的一体化的调控体系。创新体育教育调控机制的建立要体现和发挥有关教育主体的创造精神。教育管理要增强驾驭创新体育教育健康发展的能力。

创新体育教育的导向机制、动力机制、调控机制，既相对独立，又相互联系，既层次分明，又各自关联，形成了一个有机整体。创新体育教育的运行是否健康有效，关键是看广大师生员工的积极性、创造性是否得到发挥，是否始终围绕着为社会主义建设培养高质量的创造性人才这一根本目标。创新体育教育运行机制的建立还要与现行教育管理体制的改革结合起来。

## 第三节 创新体育教育的管理

创新体育教育需要科学的管理来组织落实和提供保障。教育管理包括教育行政管理与学校内部管理两大部分。前者主要是宏观管理，对整个教育事业发展的方向、规模、水平、层次、章法等具有重大影响；后者属于微观管理，以学校教育目标的实现为目标，关系到一所学校的教育质量和发展前景。本节讨论的创新体育教育管理，主要是创新体育教育的微观管理。

学校工作主要包括教育工作和管理工作两个方面，这两个方面相互联系，相互依存。教育工作是管理工作的依据，管理工作是教育工作的保障。

### 一、创新体育教育管理的特点

学校创新体育教育管理作为学校管理的一种模式，必然具备一般学校管理的共同特点。探讨创新体育教育管理的特点，要对学校管理的共同特点有一个基本认识。目前，学术界较为一致地认为，学校管理具有两重性、整体性、综合性和周期性的特点。

#### （一）两重性

管理的两重性原理具有普遍意义。学校管理者一方面必须依据生产力发展的要求和特点，组织和管理学校的教育活动，另一方面又要灌输一定的思想意识和行为规范，以维护一定的生产关系和社会制度对学校的要求。认识管理的两重性特点，有利于学校管理者明确方向，摆正管理实践中的一些基本关系。

#### （二）整体性

学校是一个由若干要素组成的具有特定功能的系统。学校管理就是对这个整体的管理，它的一切活动都是以追求整体最优为目标的。认识管理的整体性特点有利于管理者明确学校管理的实质在于实现学校整体效益的最优化，局部优化不是管理的目的。

### （三）综合性

学校管理是一种由多种因素组成的，包括多方面内容的活动过程，有教学工作、思想工作、后勤工作、行政工作等。这就决定了学校管理是一项涉及诸多学科、众多实践领域的复杂的综合性活动。认识学校管理的综合性特点，有利于管理者在实践中充分考虑各种制约因素，有意识地运用有关理论的研究成果和实际经验，推动管理活动的科学化。

### （四）周期性

学校育人的周期性决定了学校管理活动的周期性，而学校管理的周期性决定了管理过程的程序性。认识学校管理的周期性特点，有利于学校管理者根据学校工作发展的规律，使各项工作实现程序化，并对可能出现的无序状态进行及时调整。

除上述特点外，创新体育教育管理还具有一般学校管理没有的特点。

第一，创新体育教育管理的主体性。

主体性是创新体育教育管理的首要特点。一般教育管理中虽早已提出这个问题，但一直不够重视。主体性包括两层意思：一是创新体育教育管理的主要对象是人不是物；二是创新体育教育的对象和产品，都具有主观能动性，都有积极的思维活动。学校各主体要素的能动性不仅独自发挥作用，而且相互影响，相互推动。虽然从工作上讲管理者（包括教育者）应责无旁贷地承担主导作用，但从教育及其管理的效果讲，只有学校师生员工配合得当，协调一致，才能产生巨大的力量。是否重视人的主体作用，发挥学校每个主体要素的能动性、创造性，不仅是创新体育教育及其管理能否真正实行的条件，也是这种教育与管理的标志。

第二，创新体育教育管理的情境性。

情境性是创新体育教育管理的重要特点。创新体育教育的目标和特性决定了创新体育教育管理的对象必然是经过精心设计和安排的。无论是作为核心的教育教学活动，还是这种教育教学活动环境的组织，都是如此。创新体育教育管理的重要方法是通过选择和设计一种有利于创造性教、创造性学的条件和环境，把教育要求、优良传统和教学规律等以稳定的形式，凝聚在特定的管理情境中，从而通过心理内化机制，植根于学校每个主体的心灵深处，使管理指令凭借主体的积极性、创造性而得到贯彻，进而增加创新体育教育管理的自动调控性，提高管理的效果。

第三，创新体育教育管理的开放性。

开放性也是创新体育教育管理的重要特点。任何管理都不是孤立的，而是在一定环境中，在与其他系统的交流中进行的。开放是为了创造，而创造必须开放。创新体育教育及其管理的效能，在很大程度上依赖于学校以及学校内外及时、准确的信息沟通和资源流动。开放给创新体育教育管理带来动力。注重开放，强调向社会其他系统——外地、外校、外国学习，学习别人先进的理论、技术和经验，在开放交流中形成自己的特色，也就成为创新体育教育管理的必然要求和重要特征。

## 二、创新体育教育管理的内容

在管理实践中，人、财、物以及时间、空间、信息等诸多要素并不是孤立存在的。其中，人是能动的因素，发挥各种教育管理资源的作用的实质也在于育人。因此，把上述要素作为创新体育教育管理工作的内容，不仅仅是为了研究和实施对它们分别如何管理，更重要的是为了研究和实施如何对它们进行综合管理，即如何进行育人之事的管理。不管育人之事，各种要素管理也就失去了意义。这里正是从这一视角展开对创新体育教育管理内容的讨论。

### （一）创新体育教育的目标管理

有意识地追求一定目标是人的行为的本质特征。从学校组织的整体和全局去思考，创新体育教育管理要考虑社会性质、管理规律、教育目标以及学校现状等因素，通过各种创造性管理活动，进而实现五个方面的预想结果：第一，形成整合一致的创新体育教育及其管理的目标系统；第二，建立高效率的创新体育教育管理机构；第三，组织一支高水平的具有创造素质的学校工作队伍；第四，实行有利于发挥主体创造性的民主型管理方式；第五，实现管理手段和措施的科学化。

创新体育教育的目标管理是为了实现学校创新体育教育目标而进行的一种组织活动。这种目标管理体现着以目标为中心，以人为主体的精神。在创新体育教育目标管理过程中，学校管理者引导有关组织和学校全体师生员工共同确定学校工作目标及其体系，并以创新体育教育及其管理目标为中心，明确各自的责任和发挥各方面的主动精神，协调育人工作进程，检查和评估完成育人任务的状况。创新体育教育的目标管理体现了四个特点：第一，以创造性人才培养这一目标为中心；第二，培养创造性人才的思想贯穿目标确定、目标实施、成果评定的目标管理全过程的始终；第三，目标管理的各个阶段、各项工作中充分体现关注人、发挥主体创造性的精神；第四，个体创造性与群体创造性目标高度地整合一致。

### （二）创新体育教育的过程管理

管理过程是各项管理职能的活动在时间序列上的体现。创新体育教育管理过程是由计划、实施、检查、总结四个基本环节组成的，四个环节的前后顺序体现了教育管理过程自身的活动程序。创新体育教育管理过程的优化是一个动态过程，它表明这种管理活动不仅是科学的、有效的，而且其科学性、有效性越来越显著，趋于理想状态。实践证明，目标、程序、环境三个因素与管理过程优化具有直接的关联。

如果目标、程序、环境都处于劣态，那么管理过程趋向理想将成为一句空话。

1. 优化目标

目标优化与否影响到管理的结果和管理过程的进行。目标越优化，就越能对过程发挥积极作用，也就越能促进过程的优化。优化目标就是在目标的正确性、集中性和协调性上下功夫，就是使目标正确有效，重点突出，协调一致。

2. 优化程序

创新体育教育管理的各基本环节构成了一定程序。程序的优化从创新体育教育管理各环节的结构和活动态势方面得到鲜明体现，它直接而又具体地反映了过程优化的工作和要求。一是管理程序结构的完整性，即创新体育教育管理过程的计划、实施、检查、总结各基本环节连成一体，环环相扣，这要求创新体育教育管理在各个环节上都要体现追求创新体育教育目标实现的精神。二是程序活动的连续性。管理程序越具有连续性，管理过程就越能在良好的基础上趋于优化。三是程序运动的灵活性。创新体育教育管理工作的复杂性，导致了在不同的工作管理活动进程中，管理活动诸环节的地位不同，诸环节的具体表现不同，诸环节的实际程序也有所差异。管理程序的灵活性为管理者发挥自身的创造性提供了广阔的用武之地。

### 3. 优化环境

过程的优化不能不考虑到环境优化。创新体育教育及其管理环境的优化问题，涉及社会各方面诸多因素，较直接的是教育行政部门的管理状况。学校要妥善处理好与社会其他系统的关系，主动地适应、改善环境，以保证创新体育教育在一种较为有利的大环境中进行。

### （三）创新体育教育的质量管理

创新体育教育的目的是培养高质量的创造性人才，创新体育教育管理正是一种质量管理，育人工作的质量直接影响所培养学生的质量。为了保证育人质量，必须对育人工作实施质量管理。创新体育教育工作管理的关键是做好质量控制工作。

第一，要明确什么是质量，什么是创造性，质量、创造性从何而来，从而树立正确的质量观念和质量标准。

第二，实行全员管理。不仅管理者要注重质量，教师的教、学生的学都要讲究质量。全员参与质量管理体现了创新体育教育管理强调主体性、重视民主管理的精神。

第三，实行全程管理。创造性人才不是一朝一夕产生的。管理者要重视常规活动，使教育过程、管理过程的每个环节都有人抓、有人管。创新体育教育管理要关注的主要是教师创造性教的全过程、学生创造性学的全过程、师生双边创造活动的全过程、教育管理的全过程等。

第四，全局管理。创新体育教育的质量是学校各项工作综合效能的体现，管理者要突出重点，着眼整体，总揽全局，统筹规划学校各项工作。

为了使创新体育教育质量管理切实有效，还要认真做好质量分析与检查工作。

# 第四节　创新体育教育的人才观

## 一、创新体育教育人才观的本质

本质是相对现象而言的。事物的本质属性就是关于事物的质的规定性，质的规定性又会决定事物的性质和发展趋势。

我国多数学者认为，人才本质是由进步性、社会时代性和创造性构成的。

### （一）进步性

人在历史上有两种作用，或是推动历史发展，或是阻碍历史前进。在生产力和生产关系这对矛盾中，生产力是革命的因素。创造性人才是最新生产力的开拓者，是推动人类历史前进的代表，必然对社会或社会某方面的发展起着某种推动作用。

### （二）时代性

人总是生活在一定社会关系和历史时代中，创造性人才也是如此。社会关系随着生产方式的矛盾运动不断发生变化，创造性人才要随着社会关系的变化而不断改变自身的内涵，以适应时代的需要。

不同的历史时期和不同的社会性质，对人才的要求是各不相同的。否定了社会的时代性也就抹杀了不同历史时期、不同社会性质的人才本质的特殊性。超时代的人才是不存在的。

### （三）创造性

人才与一般人的差异之处就在于，人才具有一定的专门知识和较强的能力，特别是具有创造力。人才能进行创造性劳动，在物质文明和精神文明建设的某一方面表现出一定的创造能力，人才能够把前人的科技成果和科学方法继承下来，进行新的创造，取得新的成果，发挥较大的作用和贡献，推动社会前进。否定了人才的创造性，也就否定了人才本质的规定性，混淆了人才与一般人的区别。创造性是人才本质的最重要的属性之一。

总之，人才本质属性的进步性、时代性、创造性是创新体育教育的人才观的本质体现。"三性"是相互制约、相辅相成、缺一不可的。

进步性、时代性是创造性的方向和动力，创造性体现进步性、时代性。我们不能离开进步性、时代性来孤立地谈创造性，也不能离开创造性来探讨进步性、时代性。所以，创造性人才的本质是进步性、时代性、创造性的统一。实施创新体育教育应从创造性人才的本质出发，开发受教育者的创造力，这是创造性人才观的基本要求。

创造性人才最根本的特点突出地表现在创造性上。一些学者研究认为，创造性有广义和狭义之分。广义的创造性是人类共有的特性，狭义创造性是指提供新颖、独特、有社会价值的成果的一种属性，即"非一般性""非重复性"。人才不但具有广义的创造性，而且具有一般人所没有的狭义创造性。

创造性的形成原因很复杂，但主要可以归纳为两个方面：一是要靠创造主体（个人）的努力，通过学习、实践、再学习、再实践，循环往复，使自己的德、识、才、学、体等五方面得到充分的发展，为培养创造性打好基础；二是要靠创造客体（创新体育教育、创造环境、创造实践）的教育、熏陶、开发。这就需要根据创新体育教育的目标，运用有效的教育内容和方法来培养创造意识、创造才能和创造个性，进而造就既有政治素质、科学素质，又有创造素质的人才。正如中共中央《关于教育体制改革的决定》中所指出的："所有这些人才，都应该有理想、有道德、有文化、有纪律，热爱社会主义祖国和社会主义事业，具有为国家富强和人民富裕而艰苦奋斗的献身精神，都应该不断追求新知，具有实事求是、独立思考、勇于创造的科学精神。"这段话深刻、全面地概括了创造性人才的本质特征，也指出了创新体育教育所要培养的创造性人才的根本标准。陶行知也说："创新体育教育的目标是培养加强发挥这创造力，使他长得更有力量，以贡献于民族与人类。"①这就精辟地说明了创新体育教育对开发人的创造力，以及培养创造性人才的重要意义。

## 二、创造力的概述与分类

### （一）创造力概述

创造力即创造能力，它是由多种心理因素有机结合而产生的心理功能，是独特而新颖地解决问题的能力。人们正是凭着这种能力在创造活动中认识和改造客观世界，进而产生前所未有的思维成果。

创造力贯穿于教育教学、科技创造发明、艺术创造等活动之中，它与创造目标相结合形成创造过程。创造过程的速度、效率体现了创造力的水平。所以，开发创造力是实现人的创造价值的前提条件。

知识经济时代，世界各国的竞争将主要体现在人才的竞争，而创造力是人才所应具备的最重要的能力，因此，开发创造力越来越成为世界各国教育改革的主要课题。

### （二）创造力的分类

创造力是多序列、多层次、多类型的，要进行科学的分类难度相当大，至今尚未形成一个成熟、统一的研究结论。以下介绍几种常见的分类：

第一，按性质，德国教育心理学教授戈·海纳特将创造力分为创造力、类创造力与假创造力。他说，创造力"似可以这样认为，只要一个产物除了具有独特性（和其他的因素），同时还达到了有用性和现实性的标准，那么它就是具有创造力的"；"类创造力（也可以看成前创造力）是以创造力为目标的创造力之雏形，亦称作创造力初期范围：如缺乏现实性的儿童幻想、内倾型的空想和青年人的想

①　梁伯琦.陶行知教育名篇评述 [M].杭州：浙江工商大学出版社，2022：22.

入非非"；假创造力是与类创造力相对的，"也就是一种伪装的创造力"。我们应该鼓励真创造力，引导和开发类创造力，使之向真创造力发展，及时识破假创造力并防止假创造力的产生。①

第二，按表现形式，可分为潜创造力和显创造力。潜创造力（或称内创造力）是潜而未现的，尚待发掘的创造力，如创造性人才早期出现的假设、幻想、思路等；显创造力是指已表现在创造活动中，被创造过程所证实的，或已制成产品和成果被社会公认而又富有社会价值的创造力。潜创造力可以被淹没，不了了之，也可以发展为显创造力。由潜创造力变为显创造力是创造实践的阶段性反映。

第三，按作用方式，有个人创造力，也有集体创造力（创造合力）。个人创造力是个人智慧的升华，是不依靠他人直接参与的个人发现、发明和创造；集体创造力是多人组合甚至是社会力量的共同创造，如一部词典、一项工程技术、一种科研成果、产品等，均是合作创造。特别是在个人难以完成的情况下，更需要合作才能进行成功的创造。

第四，按活动领域，有科学创造力、技术创造力、文艺创造力、政治创造力、教育创造力、军事创造力、管理创造力等。不论在哪个领域里，只要有创造性人才的创造性活动，就有相应领域里的创造力。

第五，按层次，一般分为高层次创造力和低层次创造力。有人按层次分为四种创造性，即"第一创造性"（重大发明创造）、"第二创造性"（根据基础理论发明新产品或革新产品）、"第三创造性"（对前两种发明创造进行论证和开发）、"第四创造性"（自我性的创造）。但创造"力度"不同，创造价值、目标和方法也不一样。

第六，按品质分，有积极性的创造力和破坏性的创造力。这两种创造力所产生的作用是完全相反的。前者可推动社会物质文明和精神文明建设，给人类带来幸福，后者会给人类带来痛苦。当然，按品质，也有的介于两者之间，问题是看掌握在哪个统治者手中，为什么人服务。如制造原子弹，既可能限制侵略者的狂暴罪行，也可能给无辜群众带来灾难。我们应鼓励、调动积极性创造力的发挥，反对、阻止破坏性创造力的滋生和蔓延。

---

① 海纳特.创造力 [M].陈钢林，译.北京：工人出版社，1986：14.

第七，按创造成功的时间，一般可分为早期创造力、中期创造力、晚期创造力。早期创造力是指早期成才者（被人们称为"神童"的人才）所具有的创造力，这种创造力具有极不稳定性；中期创造力是指中青年时期作出发明创造的人所具有的创造力，这个时期创造成果最多，是创造的最佳时期；晚期创造力是指那些大器晚成者的创造力，大器晚成者在中青年时期没有作出什么成就，但打下了良好的基础，到晚年爆发出惊人的创造力，获得成功。

第八，按结构，有思维创造力与形象创造力之分，抽象创造力与具体创造力之分，技术创造力与理论创造力之分等。从单个因素上来说，它们各自独立存在，发挥各自的功能；从创造力整体结构来说，则各为结构因素之一，具有相互联系、相互对应的关系。

这里需要说明的是，以上分类是相对的，不能绝对化、凝固化。

随着人才的动态变化，社会人才体系不稳定，创造力同样处于动态变化之中，往往不是"非此即彼"，而是"亦此亦彼"。

那么创造力分类有什么意义呢？

创造力分类有其重要的理论意义和现实意义。其理论意义主要表现在以下三个方面：

第一，有助于提高人们对创造性人才概念的内涵和外延的认识，加深对创造性人才本质的理解。

第二，有助于人们把握创造性人才的成长方向，研究创造性人才的培养途径，丰富和发展创新体育教育理论。

第三，有助于人们了解创造性人才的特征、领域，为分析创造性人才的发展规律奠定必要的理论基础。

其现实意义主要表现在以下两个方面：

第一，可以帮助组织人事部门和各级领导准确地认识人才的创造力水平、活动领域、行为方式，进而为合理选用、配置、开发、流动人才及制定人才方面的政策提供可靠的依据。

第一，可立志成才者提供科学指导，使之从社会需要出发，结合主客观条件设计成才取向、模式，进行自我开发，自我挖潜，以提高成长效率。

总之，对创造力进行分类，可以帮助我们深入理解创造性人才的本质，进而有效地实施创新体育教育，使受教育者的创造力得到极大的开发，有利于把他们尽快培养成创造性人才。

## 三、创造力的产生

### （一）丰富的知识是创造力产生的基础

知识就是力量，人的才能离不开知识。获得的知识（书本和实践的）越多，能力形成和发展的可能性就越大。知识转化为创造力的过程是：首先，知识转化为一般能力；其次，一般能力在特殊活动领域内的特殊发展，形成特殊能力；最后，在一般能力和特殊能力的基础上发展成为创造能力。一个知识贫乏的人，其创造力是十分有限的，发展其创造力也是不大可能的。

创造力的产生，一是要有哲学知识作指导，哲学知识为人才成长提供正确的世界观和方法论；二是要有专业知识作为知识结构的核心，它是产生创造力的重要依据；三是要有相关知识作为专业知识的补充，构成人才知识的整体化，它可以增强人才的基本能力，促进创造力的发展；四是要有一般基础知识，它是形成各种基本能力的必备条件，是萌发创造力的前提；五是要有经验知识，它对人才的认知能力和实践能力的提高具有举足轻重的作用。

### （二）智力因素在创造力的产生中起着重要的作用

智力是智能因素系统中的重要内容，它包含观察力、记忆力、想象力、思维力、注意力等多种能力。智力水平的高低决定能力的差异。所以，智力发展水平影响创造性人才的成长和发展。这是对智力整体作用而言的，就某种能力来说，它对创造力会产生其特殊作用。

#### 1.观察力的作用

敏锐的观察力能发现新现象、新问题，从而引起探索，捕捉事件的本质，萌发创造力。一切创造活动都离不开观察力的作用，可以说，它是创造力产生的前提。

2.记忆力的作用

记忆力是发展智力的基础环节，人们的生活、学习、工作等各个方面都离不开它。创造力的产生是在对已知材料进行整理和联结的基础上，产生联想，发出"闪光点"的。一个人的记忆力越强，越有助于发掘潜在的创造力。

3.想象力的作用

想象力是对表象进行加工，发掘潜能的重要标志，也是创造活动的智力基础。在创造活动中，想象力起着先导作用，它不仅可以引导我们发现新的事实，而且还激励我们作出新的努力，从而产生创造力。

4.思维力的作用

思维力是智力的核心，是创造活动中最重要的能力。思维力的强弱能在很大程度上决定创造潜力的大小。人在创造活动中要靠创造性思维力独立地获取新的知识和经验，以构成新的知识序列。没有创造性思维力，就不可能有什么创造力，这是因为思维力是发现问题、分析问题、解决问题的关键，而且对其他的基本认知能力起着支配和调节作用。

思维力有多种特性，如广阔性、深刻性、灵活性、敏捷性、独创性等。人们思维力的特性不同，表现出的创造力也不同。所以，创造目标的选择，必须符合思维特性，这样才能充分发掘创造力，使创造获得成功。

5.注意力的作用

在创造活动中，注意力直接影响着创造力的发挥。从目标选择、酝酿准备、创造实践、成果检验，直至创造成功，这一系列活动中，都要有高度的注意力去有意识地、自觉地控制自己，不受或少受无关刺激的干扰。这样创造思路才不会间断，才能保持旺盛的创造力。

**（三）非智力因素对创造力的影响**

非智力因素包含的内容十分广泛，如兴趣、情绪、意志、性格、理想、信念、事业心、责任感等。良好的非智力因素在协同智力因素、运用知识力量的前提下，对创造力的产生有着积极的影响。

### 1. 兴趣的影响

人们对某一种事物有兴趣，就会感到称心，进而产生持久而稳定的注意，从而使人们感知清晰，视野开阔，思想活跃，想象丰富，并最终促进创造力的发挥。

### 2. 情绪的影响

人的情绪对智力的变化、发展有明显的作用。积极情绪能够提高智力效应，产生创造力，消极情绪则降低智力效应，挫伤创造力。诺贝尔、居里夫妇、李四光、童第周等一些杰出的科学家都工作到生命最后一刻，他们具有情绪稳定而持久的优良心理品质，因而创造力得到了充分发挥，作出了重大贡献。

### 3. 意志的影响

在创造活动中，充满着艰难险阻和主客观条件的种种约束，因此，要维持和充分发挥创造力，就要有坚韧不拔、百折不挠的顽强意志。正如马克思指出的："在科学上没有平坦的大道，只有不畏劳苦沿着陡峭山路攀登的人，才有希望达到光辉的顶点。"①

### 4. 性格的影响

人的性格是千差万别的，不同性格的人才，其创造力的取向也是不同的，如在科学研究中，理智型的人才较适合从事基础理论研究，意志型的人才较适合从事发展研究等。性格还有两面性，对创造力的产生既有积极作用，也有消极作用，如独立型的人有主见、有能力，可以发挥独创性的作用，但也容易出现主观性与片面性，从而制约其创造力。

优良性格能促进创造力的产生与发展，不良性格对创造力会带来不利的影响。具有谦逊、勇敢、勤奋、自信心等优良性格的人，在创造活动中会自觉地发挥主观能动性，开发创造力。相反，骄傲自满、胆怯、懒惰、自卑等则会使人松懈、抑制或丧失创造力。恩格斯曾经指出："人物的性格不仅表现在他做什么，而且表

---

① 宋惠昌. 马克思列宁的革命学风 [M]. 北京：中国青年出版社，1978：55.

现在他怎样做。"[①] "做什么"反映了人对现实的态度和奋斗目标,"怎样做"反映了人的行为方式和实际能力。

## 四、创造力的表现

创造力表现在整个创造过程中,其表现方式很多,也很复杂。

### (一)科技领域里创造力的表现

在科技领域里,创造力作用于科学技术的发现、发明和创造。从科学理论创造来说,创造力分别表现在自然科学理论创造和社会科学理论创造,如哥白尼提出太阳中心说、门捷列夫发现元素周期律、爱因斯坦创造相对论、李四光创立地质力学等,都是自然科学理论创造力的表现;马克思的《资本论》以及他所创立的共产主义学说,揭示了生产力和生产关系、上层建筑和经济基础领域里的客观规律,则是一种社会科学理论创造力的表现。而技术发明则是根据基础科学的原理,创造新物质、新产品,如瓦特发明蒸汽机、电子计算机的产生和运用等,都是科技领域里创造力的表现。

### (二)教育领域里创造力的表现

在教育实践中,把一般教育、传统教育上升、转化为一种新型教育——创新教育,相对而言,就是一种创造。创新教育是一种非常复杂的创造性劳动,需要一种非常高级的创造力。而且需要以全新的教育思想、教育内容和教育方法来培养受教育者的创造意识、创造才能和创造个性。同时,要善于发现受教育者的创造萌芽,因材施教。显然,创造性人才的成长和发展体现了教育者的创造力。

### (三)军事领域里创造力的表现

这种创造力主要表现在战略、战术两个方面。抗日战争时期,毛泽东提出的论持久战的军事思想,以及中国革命要走农村包围城市,最后夺取城市的道路等,就是战略上创造力的表现。

---

① 李迎春.心理学[M].北京:北京希望电子出版社,2014:44.

### （四）文学、艺术领域里创造力的表现

文学、艺术领域的创造力着力于人物形象和自然形象的创造，并以其形象感染力影响人、教育人。鲁迅用文学笔法刻画出阿Q的形象就是人物形象创造力的表现。毛泽东的诗词《沁园春·雪》所描写的北国雪景就是自然形象创造力的表现。还有戏曲、影视中的角色扮演、美术中的人物与动植物的勾画等，都是人物形象或自然形象创造力的表现。音乐创造力的表现比较奇特，它以作曲、作词及歌曲的演唱和器乐的演奏等进行艺术的创造和再创造。

### （五）体育领域里创造力的表现

体育领域的创造力主要是指身体活动形态和竞技的创造，如运动员创新纪录、体操系统动作的创造、杂技演员惊险新奇的动作等，都是体育领域里创造力的表现。

上述各个领域里创造力的表现，仅是一般举例概述，实际远远不止这些。研究创造力的表现，对开拓创新体育教育的思路、方向有着深远的意义。就青少年和幼儿来说，由于他们的年龄、智力水平及所处的环境不同，其创造力表现的方式、程度是千差万别的，其创造力的表现还处于萌芽状态或不成熟阶段，因而，他们的创造力具有不稳定性、自发性、可塑性、广泛性等特点。这就要求教育者细心观察、了解、启发、引导、保护，以便因势利导，加以培养教育，使其由不成熟到成熟，沿着可能的方向发展，以达到较高的创造力水平。

在当今信息社会，我们对大科学时代创造力的表现也要给予足够的重视。科学的高度综合、高度分化及交叉发展，导致了大量边缘学科的产生，加之，情报信息传递非常迅速，使科学与技术的结合更为密切。一个人要在更大范围、更广泛的领域里表现其创造力，就必须在认识大科学时代创造力表现的基础上，使自己的知识结构、科学素质、创造方法等充分适应时代发展的需要。为此，创新体育教育也应使受教育者在这方面奠定良好的基础，以便将来发挥更大的创造力。

# 参考文献

[1] 齐斯筠. 高职体育教育专业学生核心竞争力评价的研究——以湖南体育职业学院体育教育专业为例 [J]. 当代体育科技，2022，12（21）：113-115.

[2] 赵庆华. 高职体育教育专业学生核心竞争力评价指标体系构建探究 [J]. 成才之路，2021（30）：26-27.

[3] 柳峰. 高职体育教育专业学生教学能力培养模式的研究 [J]. 尚舞，2021（15）：87-88.

[4] 柳峰. 高职体育教育专业学生体育教学能力现状的研究 [J]. 体育风尚，2019（7）：256，258.

[5] 张红雷，梁松尚. 健康中国下高职体育的生态学观察——基于大学生运动队的个案研究 [J]. 体育科技，2021，42（3）：124-125.

[6] 毛帅杰. 高职体育安全教育存在的不足及对策 [J]. 体育世界（学术版），2017（1）：156，168.

[7] 王沛. 基于专业发展视角的高职体育教师培养研究 [J]. 经济研究导刊，2017（10）：129-130.

[8] 张力，杨龙. 新疆高职体育课程改革的综述研究 [J]. 当代体育科技，2016，6（8）：122-123.

[9] 倪莉. 高职体育课程中发展性评价的实践探析 [J]. 武当，2022（6）：80-81.

[10] 刘晶. 高职体育课改革研究——以 N 学院为例 [J]. 现代职业教育，2018（13）：114-115.

[11] 李金花.分析学校田径体育课教学中存在的问题与对策[J].体育风尚，2019（2）：177.

[12] 郭经宙.试论学校体育在素质教育中的作用[J].陇东学院学报，2008（2）：64-65.

[13] 刘桂海.学校体育目的再认识[J].上海体育学院学报，2001（S1）：32-33.

[14] 赵克衡.浅谈体育意识的形成与培养[J].湖南教育学院学报，1996（2）：91-94.

[15] 王子明.充分发挥学校体育在素质教育中的作用[J].文体用品与科技，2021（16）：76-77.

[16] 罗湘林.学校体育的社会学审视[J].中国学校体育，2005（2）：68-69.

[17] 齐豹.浅谈学校体育与素质教育[J].井冈山医专学报，2006（5）：21，31.

[18] 徐山.塑造身体德性：学校体育的德育使命[J].教学与管理，2014（33）：120-122.

[19] 王昆仑.我国学校体育教育质量保障体系研究[J].体育成人教育学刊，2013，29（4）：80-82.

[20] 任少聪.技术时代下学校体育的多向价值诉求[J].当代体育科技，2021，11（32）：81-83.

[21] 李忆湘，刘小翔.高校体育教育专业通识教育课程目标及内容体系构建[J].天津体育学院学报，2005（6）：99-101.

[22] 刘兵，周菡.地方高校体育教育专业通识课程的困境与重构[J].体育视野，2022（8）：48-50.

[23] 招祥柱，刘毅.我国体育院校体育教育专业本科通识教育课程研究[J].运动，2012（10）：52-54.

[24] 陈兵，郭霄鹏，张京京.高校体育通识教育课程存在的问题及对策[J].西部素质教育，2017，3（17）：55-56.

[25] 陈兵，张京京 . 高校体育通识教育课程育人功能刍议 [J]. 课程教育研究，2017（25）：226-227.

[26] 陈兵 . 基于"全人教育"视阈的高校体育通识教育课程审思与发展策略 [J]. 西安体育学院学报，2018，35（6）：755-760.

[27] 尹志华，孙文君，汪晓赞 . 新西兰体育教育专业的改革与发展：以奥克兰大学为例 [J]. 首都体育学院学报，2015，27（5）：432-436，446.

[28] 龚洪波 . 普通高校体育教育信息化驱动要素研究 [J]. 湖北开放职业学院学报，2021，34（24）：151-152，156.

[29] 王赟，宁新辉 . 互联网时代高校体育教育发展分析与管理——评《移动健康和智慧体育：互联网＋下的高校体育革命》[J]. 中国科技论文，2021，16（12）：1399.

[30] 王珍 . 茶文化思想对体育教育与训练的影响及应用策略研究 [J]. 福建茶叶，2022，44（1）：246-248.

[31] 韦森 . 以就业为导向开展高校职业体育教育改革的探讨 [J]. 当代体育科技，2019，9（31）：137-138.

[32] 李静，王赫 . 体医融合视域下高校体育教育改革探讨 [J]. 航海教育研究，2022，39（2）：82-86.

[33] 梁健 . 高校体育教育改革模式初探 [J]. 当代体育科技，2014，4（31）：84，86.

[34] 闫松 . 对新时期高校体育弱势学生群体体育教育改革的审视 [J]. 安徽科技学院学报，2015，29（1）：75-79.

[35] 高响亮 . 浅谈我国高校体育教育改革 [J]. 安徽文学（下半月），2008（3）：220，235.

[36] 何其霞 . 高校体育教育改革的再思考 [J]. 周口师范学院学报，2008（5）：152-153.

[37] 毛淑芳，赵炜，王胜龙等 . 对西部普通高校体育教育改革和发展的思考 [J]. 石河子大学学报（哲学社会科学版），2004（1）：65-67.

[38] 杨维强，曹锦飞 . 对高校体育教育改革的建议 [J]. 南京工业职业技术学院学报，2003（2）：76-78.

[39] 郑和平，袁丽，孙德课等 . 高校体育教育改革基本思路 [J]. 西安体育学院学报，2001（4）：97.

[40] 黄荔生 . 素质教育与普通高等院校体育教育改革 [J]. 福建体育科技，2000（3）：62-63.